Bibliografische Information der Deutschen Nationalbibliothek:

Die Deutsche Nationalbibliothek verzeichnet diese Publikation in der Deutschen Nationalbibliografie; detaillierte bibliografische Daten sind im Internet über http://dnb.d-nb.de abrufbar.

Impressum:

Copyright © 2016 Studylab

Ein Imprint der GRIN Verlag, Open Publishing GmbH

Druck und Bindung: Books on Demand GmbH, Norderstedt, Germany

Coverbild: ei8htz

Ole Görlich

Prokrastination
im schulischen Kontext

2012

Inhaltsverzeichnis

1. Einleitung

Das Hinauszögern einer Hausarbeit oder einer wichtigen mündlichen Prüfung sowie das Aufschieben einer bedeutsamen Lebensentscheidung sind weit verbreitete Verhaltensmuster, die für das einzelne Individuum häufig mit negativen Konsequenzen verbunden sein können. Diese Beispiele illustrieren ein alltägliches Phänomen, dass als Prokrastination bzw. umgangssprachlich als *Aufschieberitis* bezeichnet werden kann. Diese sogen. *Aufschieber* generieren immer wieder Gründe, warum eine gewisse, tendenziell unangenehme, Handlung nicht ausgeführt werden sollte. Dieses Verhaltensmuster kann nicht als schlechte Angewohnheit charakterisiert, als Kavaliersdelikt bezeichnet oder mit unzureichenden Zeitmanagement erklärt werden, sondern sei vielmehr als eine Arbeitsstörung einzuordnen (vgl. Reinhardt, 2008).

In den letzten Jahren wurden im internationalen Rahmen das Phänomen der Prokrastination grundlegend erforscht, vor allem im anglo-amerikanischen Sprachraum. Dabei lag der Fokus oftmals auf der akademischen Prokrastination, d.h. auf dem Aufschiebeverhalten während des Studiums. Aus diesem Umstand könnte die Folgerung gezogen werden, dass Prokrastination im akademischen Bereich häufiger vorkäme oder negativere Konsequenzen nach sich zöge, als bspw. im Arbeits- oder Sozialleben. Die Fokussierung kann jedoch vielmehr damit erklärt werden, dass Prokrastination bei Studierenden trivialer festzustellen und zu untersuchen sei, da die Anforderungen des Lernens und die Vorbereitungen auf Prüfungen einen homogeneren Prozess folgen (vgl. Rist, Engberding, Patzelt & Beißner, 2006).

Nach Schouwenburg, Lay & Ferrari (2004) lassen sich zwei Zielrichtungen der aktuellen Forschung konstituieren. Auf der einen Seite die Prokrastinationstendenz, welche als Verhaltensdisposition verstanden wird und auf der anderen Seite der Prokrastionationsprozess, welcher das Aufschieben von Verhaltensmustern determiniert. Ausgehend von der Annahme, dass eine Prokrastinationstendenz analog zu anderen (stabilen) Persönlichkeitsmerkmalen, wie bspw. Extraversion und Offenheit existiert, könnte diese Disposition schon im Kindes- und Jugendalter vorliegen. Der Prokrastinationsprozess bietet ebenfalls Hinweise auf die Existenz von problemhaften Vermeidungsverhalten bei Heranwachsenden, da dieser sich nach Ferrari, Johnson, McCown & William (1995) als erlernter Prozess manifestieren könnte.

In der wissenschaftlichen Literatur wird das Hochschulstudium als eine „typische biografische Übergangs- oder Transformationsphase" (Seiffge–Krenke,

1994, S.29) beschrieben. Bedingt durch biologische, soziale und psychische Veränderungen innerhalb dieser Phase, kann dieses zu Belastungen führen, welche durch Kumulation die Ausbildung von dysfunktionalem Verhalten begünstigt (vgl. Seiffge–Krenke, 1994). Unabweisbar könnte die Begrifflichkeit der Pubertät in einem (teilweise) konvergenten Rahmen beschrieben werden. Ebenfalls sei diese Phase anfällig für die Entstehung von psychischen Störungen (vgl. Eggers, Fegert & Resch, 2003). Folglich könnte der Ausgangspunkt von Prokrastination auch innerhalb der Pubertät begründet sein.

Unzureichende schulische oder akademische Leistungen werden häufig als Zeichen von Faulheit, Untätigkeit oder mangelndem Ehrgeiz gesehen, diese Etikettierung erscheint jedoch in der heutigen Zeit als unzulänglich (vgl. Helmke & Schrader, 2000). Somit bietet dieser Aspekt einen abschließenden Hinweis auf Prokrastination im Kindes- und Jugendalter.

Abgeleitet von den oben vorgestellten Prämissen, soll im Rahmen dieser Arbeit Prokrastination im schulischen Kontext untersucht, analysiert und evaluiert werden. Trotz der relativ hohen Verbreitung dieses Phänomens, finden sich keine wissenschaftlichen Untersuchungen hinsichtlich der Existenz und Relevanz im Kindes- und Jugendalter. Im Fokus dieser Arbeit steht daher die Frage, inwieweit dysfunktionales Aufschiebe- und Vermeidungsverhalten innerhalb der untersuchten Stichprobe (Schüler und Schülerinnen im Alter von 13 bis 16 Jahren) existiert. Ebenfalls, im Interesse dieser Arbeit, steht der Zusammenhang von Prokrastination zu Angst und inwieweit speziell manifeste Angst und Prüfungsangst eine Rolle für ein Aufschiebeverhalten spielt. Des Weiteren soll der Zusammenhang von Prokrastination zu Depressivität einbezogen werden, da innerhalb der relevanten Fachliteratur mögliche Relationen konstituiert werden.

Im folgenden Kapitel wird ein Überblick über den für die Fragestellung relevanten theoretischen Hintergrund (Kapitel 2) gegeben, aus denen Fragestellungen und Hypothesen abgeleitet werden. Nach einer methodischen Darlegung der Untersuchung (Kapitel 3), werden die Ergebnisse (Kapitel 4) der erhobenen Studie berichtet, diskutiert und abschließend zusammengefasst (Kapitel 5).

2. Theoretischer Hintergrund

Wie bereits in der Einleitung dieser Arbeit erwähnt wurde, liegt der Fokus der Prokrastinationsforschung primär auf dem dysfunktionalem Aufschiebe- und Vermeidungsverhalten während des Studiums. Dieser Sachverhalt impliziert, dass Theorien, Modelle, Hypothesen und Studien sich fokussiert auf den akademischen Kontext beziehen. Dessen ungeachtet dienen diese als Grundlage des theoretischen Hintergrundes dieser Arbeit. Dieser Umstand be-zieht sich ebenfalls auf die Ableitung relevanter Fragestellungen und Hypothesen. Aus wissenschaftstheoretischer Sichtweise könnte dieses Vorgehen durchaus kritisiert werden, da zwischen Schülern (Schülerinnen) und Studenten (Studentinnen) sowie den Institutionen Schule und Universität elementare Unterschiede bestehen. Legitimation erhält dieses Vorgehen jedoch zum einen aus der Gegebenheit, dass bisher keine empirische Forschung in Bezug auf Prokrastination im schulischen Kontext existiert und zum anderen, aus vergleichbaren Lernprozessen sowie institutionellen Analogien.

Einführend soll die Begrifflichkeit der Prokrastination abgegrenzt und nachfolgend in den akademischen Kontext eingeordnet werden. Weiterführend soll die Merkmalsstabilität betrachtet, unterschiedliche Prävalenzen aufgezeigt und korrelierende Personenmerkmale vorgestellt werden. Anschließend werden charakteristische Merkmale von Prokrastinationstendenzen in den Dimensionen Affekt, Verhalten und Kognitionen vor dem Hintergrund organisationaler und selbstregulatorischer Defizite der betroffenen Individuen diskutiert. Ins-besondere spezifische Dysfunktionalitäten in der Handlungsplanung und Handlungsausführung sollen anhand vorliegender empirischer Befunde in die Diskussion eingebunden werden. Die beiden darauf folgenden Abschnitte befassen sich mit der Interaktion zwischen Prokrastination und Konstrukten, der Angst bzw. Depressiviät. Abschließend werden Forschungsfragen und Hypothesen vorgestellt.

2.1 Abgrenzung Prokrastination

Das Wort Prokrastination leitet sich aus dem lateinischen Verb *procrastinare* ab und kann mit *auf morgen verschieben* übersetzt werden (vgl. Langenscheidt, Großes Schulwörterbuch Lateinisch-Deutsch, 2009). Besondere Verwendung fand das Verb *procrastinare* im militärischen Jargon der Römer i.S.e klugen Verschiebens von Handlungen (vgl. Scharder & Helmke, 2000). Folglich kann eine durchaus positive Konnotation im ursprünglichen Sinne unterstellt werden. Seine heutige, generell negative Konnotation erhielt das Wort Prokrastination mit Beginn der industriellen Revolution in der Mitte des 18. Jahrhunderts (vgl. Steel, 2007; Helmke & Schrader, 2000). Eine Begründung dessen, könnte in den enormen ökonomischen, sozialen und gesellschaftlichen Veränderungen dieser Zeit liegen. Der britische Gelehrte Samuel Johnson (1751) beschrieb Prokrastination als „one of the general weaknesses, which, in spite of the instruction of the moralists, and the remonstrances of reason, prevail to a greater or less degree in every mind" (Johnson, 1751 zitiert nach Steel, 2007, S. 7).

Nach Sichtung der entsprechenden Fachliteratur kann postuliert werden, dass eine nicht homogene Vielheit von Definitionen zur Begrifflichkeit der Prokrastination in der heutigen Zeit existiert (vgl. Steel, 2007), die sich im Besonderen durch den gewählten Definitionskontext unterscheiden. Im Folgenden soll eine möglichst präzise sowie kontextlose Abgrenzungs-perspektive aufgezeigt werden.

Nach Helmke & Schrader (2000) kann Prokrastination als „Dysfunktionales Aufschieben, Verschieben oder Vermeidungsverhalten" (Helmke & Schrader, 2007, S. 207) einer als dringlich bzw. wichtig erachteten Aufgabe oder Entscheidung abgegrenzt werden, was sich sowohl auf den verspäteten Beginn als auch auf die rechtzeitige Beendigung beziehen kann (vgl. Ferrari & Tice, 2000). Rist et al. (2006) sehen in diesem Zusammenhang Prokrastination als „eine Störung der Selbststeuerung, an der affektive, kognitive und motivationale Faktoren beteiligt sind" (Rist et al., 2006, S. 64). Insbesondere unter dem Aspekt eines habituellen Aufschiebeverhaltens, können diese Verhaltenstendenzen für das Individuum mit negativen Konsequenzen oder individuellen Kosten verbunden sein. Prokrastination kann zu einer Verminderung der Arbeitseffizienz und einer daraus resultierenden unterdurchschnittlichen Arbeitsleistung führen (vgl. Milgram, Dangour & Ravi, 1992). Für die betroffenen Personen hat Prokrastination affektive Konsequenzen, die in ihrer Intensität variieren können. Die Variationsbreite affektiver Beeinträchtigungen kann sowohl ein Gefühl des verminderten Wohlbefindens als auch Schuldgefühle und Misserfolgsängste umfassen (vgl. Milgram et al., 1992; Solomon & Rothblum, 1984). Des Weiteren berichten chronische Prokrastinierer von der Empfindung eines geringem Selbstwertes, unzureichendem Selbstvertrauen und einer schwach ausgeprägten Selbst-kontrolle (vgl. Ferrari & Tice, 2000).

Die bisher betrachtete Abgrenzungsperspektive führt zu einer unverhältnismäßigen Gewichtung der negativen Konnotation von Prokrastination, d.h. insbesondere funktionale Aspekte dieser Verhaltens-tendenzen werden vernachlässigt. Chu & Choi (2005) betonen, dass Prokrastination, unter funktionalen Gesichtspunkten, durchaus eine sinnvolle Strategie der Aufgabenbewältigung repräsentieren könnte. Als Beispiel sei die Priorisierung von Arbeitsaufgaben zur Vermeidung stressinduzierender Aufgabenüberlappungen genannt. In Verbindung mit Stress kann Prokrastination jedoch auch Energetisierungsprozesse anstoßen und das Aufschiebeverhalten die Funktion einer *performance enhancing strategy* übernehmen (Steel, 2007, S. 22). Diese zu beobachtenden Verhaltensmuster sind nicht dysfunktional ausgerichtet, sondern führen zu einer Steigerung der Arbeitseffizienz: Stress, i.S.e. funktionalen Motivators, kann eine qualitative Verbesserung der individuellen Arbeitsleistungen bewirken (vgl. Ferrari et al., 1995; Tice & Baumeister, 1997). Diese Perspektive impliziert eine subjektive Komponente der Prokrastination, d.h. Aufschiebetendenzen müssen nicht zwangsläufig einen individuellen Leidensdruck hervorrufen. Silver (1974) formuliert diesen Sachverhalt treffend als „one person´s feelings of putting off a task might be someone else´s version of punctuality" (Silver, 1974 zitiert nach Ferrari et al., 1995, S. 5).

Des Weiteren könnte Prokrastination als Gegensatz zum Aktionismus gesehen werden, gerade in Bezug auf Situationen mit einer unzureichenden Informationsbasis. Das Individuum kann ggf. durch das bewusste Verschieben von Handlungen oder Aktionen weitere Informationen innerhalb des situativen Kontext gewinnen. Im Zuge dessen, könnte die Erfolgswahrscheinlichkeit der Handlungen oder Aktionen steigen und somit ein größerer Nutzen für das Individuum generiert werden(vgl. Milgram & Tenne, 2000).

Abschließend kann konstatiert werden, dass Prokrastination (in seiner negativen Konnotation) durch vier zentrale Elemente charakterisiert werden könnte: Prokrastination ist demnach das *Aufschieben* oder *Hinauszögern* einer Aufgabe mit hoher persönlicher *Relevanz*, wobei dieses Verhalten von einer Verminderung der *Arbeitseffizienz* und dem Auftreten negativer *affektiver Zustände* begleitet wird.

2.1.1 Akademische Prokrastination

In Verbindung mit Prokrastination im akademischen Kontext, kann die im vorherigen Abschnitt aufgezeigte Abgrenzungsperspektive in die Definition von Solomon & Rothblum (1984) überführt werden, demnach ist *Akademische Prokrastination* die selbstberichtete Tendenz „(a) to nearly always or always put off acedmic taks, and (b) to nearly always or always experienced problematic levels of anxiety associated with procrastination" (S. 503). Als typische akademische Aufgaben seien beispielhaft das Lernen für Klausuren, das Schreiben von Hausarbeiten, die Vorbereitung von Präsentationen oder die Vereinbarung von Terminen mit Dozenten genannt. Zusammenfassend kann akademische Prokrastination, einer einfachen Arbeitsdefinition von Helmke & Schrader (2000) folgend, als „Prokrastination im Bereich des akademischen Lernens" abgegrenzt werden (Helmke & Schrader, 2000, S. 207). Abgeleitet aus den bisherigen Ausführungen und mit Hinblick auf den schulischen Kontext, soll Prokrastination als dysfunktionales Aufschiebe- oder Vermeidungsverhalten von Lernaktivitäten und schulischen Aufgaben verstanden werden.

Aus den bisherigen Abgrenzungsperspektiven lässt sich zusammenfassend ableiten, dass Prokrastination ein komplexes Problemverhalten darstellt. Inwieweit maladaptive Aufschiebe- oder Vermeidungstendenzen zeitlich stabil sind, soll im folgenden Abschnitt betrachtet werden

2.1.2 State- und Trait-Prokrastination

Der Sachverhalt, ob Prokrastination als überdauernde und stabile Persönlichkeitsdisposition (*Trait*) zu verstehen ist, oder vielmehr als zeitlich begrenzte und situationsspezifische Verhaltensweise (*Stait*), ist bisher ungeklärt. Beide Sichtweisen werden in der fachwissenschaftlichen Literatur vertreten. Einige Autoren beschreiben Prokrastination aufgrund ihrer Forschungsarbeit als eine Persönlichkeitsdisposition (*Trait*), welche sich zeitlich stabil in unterschiedlichen Kontexten und Situationen manifestiert (vgl. Ferrari et al., 1995). Demgegenüber stehen Ansätze, die Prokrastination als vorübergehendes und aufgabenspezifisches Verhalten (*State*) betrachten. Schouwenberg (1995) verweist in diesem Zusammenhang besonders auf die Dringlichkeit einer Aufgabe, d.h. das Aufschiebeverhalten kann in Abhängigkeit von der Zeit varriieren. Im Zuge dessen, hat sich die Begrifflichkeit der *State-Prokrastination* teilweise bei einigen Autoren (bspw. Schouwenberg, 1995; Helmke & Schrader, 2000) etabliert. Kritisch betrachtet ist die Verwendung dieser Begrifflichkeit jedoch nicht korrekt. Diese begründet sich darin, dass ein *State* im eigentlichen Sinne einen aktuellen Zustand beschreibt, d.h. einen zeitlich eng begrenzten Raum. Trotz dieser definitorischen Unzulänglichkeit kann dieser Ansatz nicht konkret abgewiesen werden, da die mittlerweile vielfältigen und teilweise populärwissenschaftlichen Interventionsmaßnahmen, Prokrastination als ein veränderbares und vorübergehendes Verhaltensmuster betrachten.

Helmke & Schrader (2000) belegen in ihren Studien, durch den Einsatz unterschiedlicher Messinstrumente, dass durchaus beide Sichtweisen Legitimation besitzen. Sie berichten über einen mittleren Zusammenhang zwischen *State-* und

Trait-Prokrastination (r = .59 bzw. r = .48). Um beide Ansätze zusammen zu führen, könnte konstatiert werden, dass Prokrastination zwar durchaus als eine Persönlichkeitsdisposition zu sehen ist, diese jedoch von situationsspezifischen Variablen moderiert wird. Hinsichtlich dieser Überlegungen konnte Schouwenberg (1995) belegen, dass das Auschiebe- und Vermeidungsverhalten der Studierenden abnahm, je näher eine Prüfung rückte. Aus diesem Sachverhalt kann gefolgert werden, dass der Zeitpunkt einer Erhebung einen großen Einfluss auf die Ergebnisse hat. Dieses könnte zu den teilweise divergenten Prävalenz führen, welche im folgenden Abschnitt dargestellt werden.

2.2 Prävalenz

Innerhalb der wissenschaftlichen Fachliteratur existiert eine große Variationsbreite bzgl. der Prävalenz von Prokrastination. Wie bereits im vorherigen Abschnitt beschrieben, könnte dieses aus unterschiedlichen Erhebungszeitpunkten resultieren. Gleichfalls könnten divergente Stichproben sowie der Einsatz differenter Messinstrumente eine Erklärung bieten. Daher sollen ausgewählte Prävalenzen im Folgenden eingebracht werden, die bezogen auf die Zielsetzung dieser Arbeit relevant erscheinen.

Untersuchungen im akademischen Kontext von Ellis & Knaus (1977) zeigen, dass circa 80-95 Prozent der befragten Studierenden schon einmal studienbezogene Handlungen aufgeschoben haben. Die Aussagekraft von solch einer Zahl kann jedoch angezweifelt werden, da tendenziell jeder Studierende ein gewisses Maß an prokrastinierenden Verhalten während des Studiums zeigt. Neuere Studien beziffern, dass circa 20-25 Prozent der Studierenden von habituellen Prokrastinationstendenzen betroffen sind, dabei schildern die Studierenden u.a. signifikante Beeinträchtigungen der allgemeinen Lebensqualität und des akademischen Fortschritts. Diese Beeinträchtigungen umfassen bspw. ein erhöhtes Stressniveau oder prokrastinationsbedingte negative Auswirkungen auf die Noten (vgl. Solomon & Rothblum, 1984; Ferrari et al., 1995; Day, Mensink, & O'Sullivan, 2000; Steel, 2007). Zusammen-fassend kann abgeleitet werden, dass Prokrastination unter Studierenden ein weit verbreitetes Phänomen ist.

Im klinischen Kontext berichten circa 15-20 Prozent der Gesamt-bevölkerung über problematische Verhaltensmuster im Zusammenhang mit dem Aufschieben bzw. Hinauszögern von wichtigen Arbeitsaufgaben (vgl. Harriott & Ferrari, 1996; Onwuegbuzie, 2000). In diesem Zusammenhang berichtet O'Brien (2002), dass nahezu alle Betroffenen ihr Verhalten ändern möchten, gerade in Bezug auf die Reduktion der negativen Konsequenzen.

Inwieweit demographische Faktoren eine Rolle spielen, wurde bisher nicht betrachtet. Innerhalb der Fachwissenschaft wird der Einfluss demographischer Faktoren unterschiedlich bewertet. Im Vordergrund stehen dabei die Variablen Alter und Geschlecht. Teilnehmer (Teilnehmerinnen) entsprechender Studien in Bezug auf Prokrastination im akademischen Kontext waren zwischen 19 und 30 Jahren alt. Demgemäß lassen sich keine Aussagen über das Kindes- und Jugendalter treffen. In theoretischer Hinsicht sollte es mit zunehmenden Alter eines Individuums zu einer Reduktion von prokrastinierenden Verhalten kommen. Dieses könnte mit der Entwicklung von Bewältigungsstrategien und mit dem Erkenntnisgewinn aus Lernerfahrungen begründet werden (vgl. O'Donoghue & Rabin, 1999). Kongruente Ergebnisse hinsichtlich dieser theoretischen Überlegung finden Beswick, Rothblum & Mann (1988). Sie belegen, dass jüngere Studierende (unter 21 Jahren) signifikant mehr prokrastinieren als Ältere (über 21 Jahren). Dem widersprüchlich gegenüber-stehen neuere Studien von Watson (2001) sowie Ferrari, O'Callaghan und Newbegin (2005), die keine signifikanten Unterschiede bzgl. des Alters feststellen konnten. Geschlechtsspezifische Unterschiede lassen sich ebenfalls nicht einwandfrei identifizieren. Während in einer Studie von Helmke & Schrader (2000) Männer signifikant höhere Werte in Bezug auf Prokrastination aufwiesen, finden bspw. Ferrari et al. (2005) keinen belegbaren Zusammenhang. Eine abschließende Bewertung kann somit aufgrund der inkonsistenten Ergebnisse bzgl. der vorgestellten demographischen Faktoren nicht vor-genommen werden.

Abschließend sei anzumerken, dass nicht nur die Identifizierungen von Prävalenzen im Vordergrund der aktuellen Prokrastinationsforschung stehen, sondern auch die Interaktion zwischen Prokrastination und bestimmten Persönlichkeitsmerkmalen. Diese soll im Folgenden näher betrachtet werden.

2.3 Korrelierende Personenmerkmale

Neben einer geringen Selbstwirksamkeit können andere kovariierende Personenmerkmale die Handlungsrealisierung, bspw. das Lernen, erschweren. Johnson & Bloom (1995) untersuchten, mit welchen Persönlichkeitsmerkmalen Prokrastination korreliert: Der Big-Five-Faktor Gewissenhaftigkeit weist einen signifikant negativen Zusammenhang zu Aufschiebe- oder Vermeidungsverhalten auf ($r = -.72$) und der Faktor Neurotizismus einen geringen positiven ($r = .18$). Die Autoren folgern daraus, dass prokrastinierende Studierende wenig selbstdiszipliniert, leistungsmotiviert, pflichtbewusst, impulsiv und vulnerabel seien könnten. Ergebnisse von Helmke & Schrader (2000), die *Trait-*

Prokrastination mit weiteren Merkmalen korrelierten, weisen in die gleiche Richtung: Prokrastinierer zeigen vermehrt eine Lageorientierung (r = .69) mangelnde Planungs- und Zeitmanagementfähigkeiten (r = - .53) sowie wenig Studieninteresse (r = - .42). Helmke & Schrader (2000) sehen in diesen Befunden ein Cluster, welches möglicherweise als mangelnde Selbstkontrolle bezeichnet werden könnte.

Nach Rothblum, Solomon & Murakami (1986) geht Prokrastination mit schlechteren Studiennoten einher (r = -.22). In diesem Zusammenhang stellt sich die Frage, ob dysfunktionales Aufschiebe- und Vermeidungsverhalten oder mangelnde Intelligenz für die schlechteren Studiennoten verantwortlich ist. Zwischen Intelligenz und Prokrastination finden Ferrari et al. (1995) geringe signifikante Korrelationen. Tice & Baumeister (1997) hingegen belegen keinen signifikanten Zusammenhang. Einige Autoren (bspw. Ferrari et al., 1995; Tice & Baumeister, 1997) folgern daraus, dass Prokrastination und nicht mangelnde Intelligenz für schlechtere Studienleistungen verantwortlich sei. Diese Generalisierung erscheint nicht vollkommen widerspruchsfrei, gerade in Bezug auf die möglichen funktionalen Aspekte der Prokrastination (vgl. *performance enhancing strategy*, Abschnitt 2.1)

Zusammenfassend lässt sich konstituieren, dass die in diesem Abschnitt betrachteten Persönlichkeitsmerkmale sowohl Ursachen, Folgen als auch charakteristische Begleiterscheinungen von Prokrastination seien könnten.

2.4 Kognitive, affektive und behaviorale Merkmale von Prokrastination

Prokrastination kann signifikante Defizite in den Handlungsbereichen der Aufgabenauswahl, Aufgabenplanung, der Aufgabenrealisierung sowie der antizipativen und retrospektiven Kompetenzbewertung (Selbstwirksamkeits-defizite) umfassen. Des Weiteren können auch externe und situationale Variablen als Effektgrößen betrachtet werden. Nachfolgend werden diese Merkmale skizziert und in den Gesamtkontext der akademischen Prokrastination eingebunden.

2.4.1 Handlungsvorbereitung und Handlungsplanung

Ein substantielles Merkmal der Prokrastination sind volitionale Defizite, die als *Intention-Action-Gap* charakterisiert werden können. Kennzeichnend für prokrastinationsorientiertes Verhalten ist eine Diskrepanz zwischen Handlungsintentionen und der tatsächlichen Handlungsausführung. In diesem Sinne kann Prokrastination auch als selbstregulatorische Dysfunktionalität verstanden werden, die sich in Form einer fehlenden Handlungsaktivierung bzw. eines frühzeitigen Handlungsabbruches manifestiert. Insbesondere der Aspekt des ansteigenden Handlungsdruckes ist in diesem Zusammenhang von zentraler Bedeutung: Aktivität wird häufig solange vermieden, bis dem Individuum keine Aufschiebeoptionen mehr verbleiben (bspw. Abgabetermine, Klausurtermine) (vgl. Ferrari et al., 1995).

Die empirische Befundlage der Prokrastination, im Kontext akademischer Lernprozesse impliziert, dass es für Prokrastinierer charakteristische Kompetenzdefizite in den Bereichen der präaktionalen Lernphase (Handlungs-planung) geben könnte. Insbesondere die sinnvolle Strukturierung von Lerninhalten und die Anwendung von zielführenden Lernstrategien ist für die Betroffenen mit erheblichen Schwierigkeiten verbunden. Die Antizipation einer angemessenen und realistischen Zeitplanung, als auch die Ausgestaltung von adäquaten Subzielen der Handlungsausführung (betreffend der Lernaufgabe) sind möglicherweise bei Prokrastinierern beeinträchtigt (vgl. Helmke & Schrader, 2000; Steel, 2007). Diese Phänomene lassen sich beispielhaft an zwei Gegenpolen der Aufgabenplanung illustrieren: Prokrastinierer tendieren entweder zu einer exzessiven Zeitplanung oder initiieren keinerlei Planungs-aktivitäten. Werden äußerst detailreiche Planungsprozesse angestoßen, so können diese für den Prokrastinierer eine funktionale Komponente besitzen: Zielführend ist die Vermeidung von aversiven Lernaktivitäten im Sinne eines *self-handycappings* (vgl. Helmke & Schrader, 2000; Ferrari et al., 2000).

Ergänzend zu den oben skizzierten Beeinträchtigungen im Bereich der Handlungsantizipation, begleiten defizitäre kognitive und behaviorale Muster den Prozess der Handlungsausführung. Der erfolgreiche Aufgabenvollzug wird einerseits durch eine hohe Sensitivität, in Bezug auf den Arbeitsprozess begleitende Ablenkungsfaktoren, determiniert, andererseits entwickeln Prokrastinierer, im Verlauf der Aufgabenbewältigung, häufig Selbstzweifel betreffend der Realisierbarkeit der Lernaufgabe (vgl. Steel, 2007, Schwarzer, 1996; Helmke & Schrader, 2000). Diese sogen *coping-doubts* könnten als dysfunktionale Coping-Strategien, nach dem Prinzip *Entspannung durch Vermeidung,* aktivitätshemmend wirken und zum Abbruch von Lernaktivitäten führen (vgl. Berglas, 1978, Schwarzer, 1996). Diese Präferenz ist möglicher-weise funktional orientiert: Das Aufschieben oder Vermeiden aversiver Lerntätigkeiten könnte kurzfristig zu einer Reduzierung akuter affektiver Belastungsfaktoren (bspw. Stress) führen. Über einen längeren Zeithorizont betrachtet könnte diese Tendenz jedoch gegenteilig wirken: Das Prokrastinationsverhalten wird zum Belastungsfaktor und führt zu einem überdurchschnittlichen Anstieg des individuellen Stressniveaus bzw. zu einer Intensivierung negativer Affekte, wie bspw. Schuldgefühle (vgl. Helmke & Schrader, 2000; Tice & Baumeister, 1997).

2.4.2 Selbstwirksamkeitdefizite und Attributionsstile

Nach Helmke & Schrader (2000) können Auffälligkeiten im Zusammenhang mit den individuellen Lernerfahrungen von Prokrastinierern identifiziert werden. Die Autoren argumentieren vor dem Hintergrund sogenannter „negativer Lernbilanzen" (Helmke & Schrader, 2000, S. 208), dass Misserfolge in der Lernhistorie des einzelnen Individuums unmittelbare Auswirkungen auf eine Prokrastinationsneigung haben könnten. Die Lernanstrengungen der Vergangenheit werden als nicht erfolgreich bewertet und implizieren eine Reduktion der subjektiv empfundenen Selbstwirksamkeit. Diese (irrationalen) Überzeugungen, über notwendige Kompetenzen, im Zusammenhang mit der Aufgabenbewältigung nicht zu verfügen, könnten eine Hemmung der Handlungsaktivitäten bzw. einen frühzeitigen Handlungsabbruch bedingen (vgl. Steel, 2007; Helmke & Schrader, 2000). Zimmermann (2002) konzipiert diesbezüglich konstruktive und destruktive Strategien der Regulierung negativer Lernerfahrungen. Adaptive Kognitionsmuster, im Sinne eines der Lernerfahrung nachgelagerten affirmativen Reflexionsprozesses, forcieren die Veränderung ungeeigneter Lernstrategien und Lernmethoden mit dem Ziel, alternative Lernstrategien zu entwickeln. Eine Tendenz zur Vermeidung selbstwert-bedrohlicher Situationen, die häufig von dysfunktionalen Bewertungsprozessen begleitet wird, kann demgegenüber als defensive Strategie charakterisiert werden. In diesem Zusammenhang konstatiert Steel (2007), dass Widerstände und Hindernisse im Verlauf der Lernaktivität bei Prokrastinierern oftmals einen Impuls zum Handlungsabbruch auslösen. Salomon & Rothblum (1984) begründen diese Selbstwirksamkeitsdefizite mit prokrastinationstypischen Attributionsmustern, die tendenziell eine Generalisierung negativer Lern-erfahrungen auf zukünftige Lernaktivitäten bedingen. Einerseits werden erfolgreiche Lernanstrengungen von Prokrastinieren externalen Faktoren (Glück, Zufall) zugeschrieben, andererseits erfolgt oftmals eine zeit- und situationsstabile Attribution fehlgeschlagener Lernaktivitäten auf zukünftige Lerntätigkeiten.

2.4.3 Konkurrierende Aktivitäten und Konditionierung

Neben personenbezogenen, internalen Variablen kann die Aufgabenauswahl und Handlungsrealisierung auch durch situationale, externale Variablen beeinflusst werden, z. Bsp. durch Aufgabenaversivität oder wie stark andere Aktivitäten mit der zu erfüllenden Lernaufgabe konkurrieren (vgl. Milgram, 1991). Operante

Mechanismen könnten so zur Manifestation von Aufschiebe- oder Vermeidungsverhalten beitragen, da die mit dem Lernen in Konkurrenz stehenden an-
genehmen Tätigkeiten (bspw. fernsehen), als unmittelbare positive und negative
Verstärker, durch den Wegfall des Lernens wirken. In diesem Zusammenhang
weisen Tice & Baumeister (1997) darauf hin, dass das individuelle Belohnungs-
system von Prokrastanierern tendenziell auf eine Bevorzugung kurzfristiger Be-
lohnungen ausgerichtet sein könnte (Diskontierungseffekt). Ergebnisse von
Rothblum et al. (1986) weisen in die gleiche Richtung. In ihren Studien berichten prokrastinierende Studierenden über einen geringeren Belohnungsaufschub,
als Studierende, die nicht aufschieben. Bei der Wahl zwischen großen, verzöger-
ten Verstärkern (z. Bsp. eine erfolgreiche Prüfung) und kleineren, weniger ver-
zögerten Verstärkern (z. Bsp. Freizeitaktivitäten), präferieren Prokrastinierer
folglich verstärkt den kleineren, aber augenblicklicheren Nutzen. Gegen dieses
Grundprinzip der Konditionierung gilt es sich im Studium abzuschirmen, was
Prokrastinierern möglicherweise schwer gelingt. Im akademischen Kontext
könnte somit Belohnungsaufschub eine zentrale Komponente darstellen, da uni-
versitäre Aufgaben teilweise mit weit entfernten Fristen verbunden sind (z. Bsp.
Das Schreiben einer Abschlussarbeit).

Zusammenfassend betrachtet, kann Prokrastination im akademischen Kontext,
als ein weitverbreitetes Phänomen, dass sowohl funktionale als auch dysfunktionale Aspekte umfasst, betrachtet werden. Akademische Prokrastination, i.S.e
einer habituellen Verhaltenstendenz, wird von charakteristischen Merkmalen
begleitet, die signifikante Beeinträchtigungen des Arbeits-verhaltens in der
Handlungsplanung und -vorbereitung implizieren. Volitionale Kompetenzdefizite im Bereich der Selbstorganisation bedingen unrealistische Planungsprozesse
(Zielsetzungen, Zeitmanagement) und werden möglicher-weise durch
prokrastinationstypische Attributionsmuster moderiert. Dem Handlungsprozess
vor- und nachgelagerte Bewertungsprozesse könnten, in Verbindung mit negativen Lernbilanzen, eine Beeinträchtigung der Selbst-wirksamkeit kausal begründen. Steel (2007) weist jedoch daraufhin, dass elementare Merkmale der
Prokrastination mit anderen psychischen Störungen konfundieren. Möglicherweise liegen den oben betrachteten Phänomenen originär andere Ursachen zu-
grunde (bspw. Prüfungsangst, Depressivität), daher sollen in den beiden nachfolgenden Abschnitten auf mögliche Interaktionen zu anderen Konstrukten eingegangen werden.

2.5 Depressivität

Depressivität wird in der wissenschaftlichen Fachliteratur als ein potentielles Korrelat, in Bezug auf Prokrastination betrachtet, was sich in den allgemeinen phänomenologischen Ähnlichkeiten begründen könnte. Im Folgenden soll Depressivität global abgegrenzt werden. Weiterführend wird auf die kognitive Komponente der Rumination eingegangen. Abschließend soll der Zusammenhang zwischen Prokrastination und Depressivität näher erläutert werden.

2.5.1 Abgrenzug Depressivität

Depressivität kann global als eine affektive Störung abgegrenzt werden, welche durch eine melancholische Stimmungslage, einen Verlust der Freude und des Interesses an Aktivitäten, eine emotionale Leere, eine Antriebslosigkeit und zahlreiche körperliche Beschwerden gekennzeichnet ist (vgl. Hautzinger, 1998). Die Symptomatologie ist komplex, d.h. das konkrete Erscheinungsbild wird durch eine Vielzahl emotionaler, kognitiver, motivationaler und körperlicher Symptome moderiert. Innerhalb der wissenschaftlichen Fachliteratur können divergente Klassifikationen depressiver Störungen gefunden werden, die jedoch aufgrund der Zielsetzung dieser Arbeit nicht näher betrachtet werden sollen. Trotzdem sei darauf zu verweisen, dass literaturübergreifend zwischen unipolarer (auch typische Depression bzw. engl.:major depression) und bipolarer Depression unterschieden wird (vgl. Diagnostisches und Statistisches Manual psychischer Störungen IV). Letztere sei durch den Wechsel von depressiven und manischen Episoden gekennzeichnet, wohingegen bei ersterer über die gesamte Dauer der Erkrankung hinweg die Erkrankten ausschließlich Symptome der Depression aufweisen (vgl Hautzinger, 1998).

2.5.2 Rumination

Als ein charakteristisches, kognitives Merkmal von Depressivität könnte Rumination gesehen werden, gerade in Bezug auf unipolare Depressionen (vgl. Just & Alloy, 1997, Nolen-Hoeksema, Morrow & Fredrickson, 1993). Nach Martin & Tesser (1996) definiert sich Rumination folgendermaßen:

> „Rumination is a class of conscious thoughts that revolve around a common instrumental theme and that recur in the absence of immediate environmental demands requiring the thoughts. Although the occurrence of these thoughts does not depend on direct cueing by the external environment, indirect cueing by the environment is likely given the high accessibility of goal-related concepts. Although the external environment may maintain any thought through repeated cue-

ing, the maintenance of ruminative thoughts is not dependent upon such cueing" (Martin & Tesser, 1996, S. 7).

Zusammenfassend betrachtet, bezeichnet Rumiantion Grübelprozesse, welche durch dysfunktionale und redundante Gedanken determiniert sind. Diese richten sich vor allem auf vergangene oder aktuelle Ereignisse und umfassen die Analyse der Situation sowie die Beschäftigung mit potentiellen Gründen oder Konnotationen (vgl. Watkins, 2004).

2.5.3 Zusammenhang zwischen Prokrastination und Depressivität

Zusammenhänge zwischen Prokrastination und Depressivität lassen sich sowohl auf einer behavioralen, als auch auf einer kognitiven Ebene identifizieren. In Bezug auf die behaviorale Ebene, können dysfunktionale Antriebs- und Entscheidungsschwierigkeiten sowohl charakteristisch für Depressivität, als auch Prokrastination sein, d.h. notwendige Aufgaben oder Tätigkeiten werden nicht internalisiert. Demzufolge beklagen Depressive und Prokrastinierende häufig konsistente Defizite: Sie setzen nicht das um, was sie sich vorgenommen haben oder erreichen ihre Ziele nicht. Auf der kognitiven Ebene lassen sich ebenfalls kongruente Zusammenhänge feststellen. Depressivität ist gekennzeichnet durch geringen Optimismus, einer geringeren Selbstwirksamkeitserwartung und einem niedrigerem Selbstwertgefühl (vgl. Carver & Gaines, 1987). Nach Ferrari et al. (1995) können diese kognitiven Merkmale ebenfalls zentrale Elemente der Prokrastination sein. In Bezug auf Ruminationen kann konstatiert werden, dass zwei mögliche Relationen existieren. Auf der einen Seite das Grübeln über das eigene Aufschiebe- und Vermeidungsverhalten und auf der anderen Seite das Grübeln über Handlungsergebnisse (vgl. Stainton, Lay, & Flatt, 2000). Im Fokus der Evaluation von Handlungsergebnissen stehen dabei Planungs- und Zielsetzungsprozesse. Steel (2007) verweist in diesem Zusammenhang auf Schwierigkeiten der effizienten Strukturierung von Lerninhalten und Schwierigkeiten in der Initiierung von Planungs- und Ausführungshandlungen (vgl. *Intention-Action-Gap*, Kapitel 2.4.1).

Im Rahmen von korrelativen Studien fanden Solomon und Rothblum (1984) erstmals einen signifikanten Zusammenhang zwischen Prokrastination und Depressivität ($r = .44$). Die Studien von Lay (1995), in denen er verschiedene Prokrastinationsskalen und das Beck Depressions-Inventar (BDI; Beck, Ward, Mendelson, Mock & Erbaugh, 1978) einsetzte, zeigten ebenfalls positive Korrelationen (zwischen $r = .25$ und $r = .40$). Auch für deutsche Stichproben wurden positive Zusammenhänge gefunden (vgl. Stöber & Joormann, 2001). In zwei

Metaanalysen (vgl. van Eerde, 2003, 2004) zeigten sich unter Einbeziehung von 11 bzw. 15 Studien mittlere Effektgrößen ($r = .30$ bzw. $r = .29$). In diesem Zusammenhang sei anzumerken, dass nicht in allen einbezogenen Studien, Depressivität mit Hilfe eines Inventars (wie bspw. dem BDI) gemessen wurde, sondern zum Teil lediglich *negativer Affekt* bzw. *Niedergeschlagenheit* mit Hilfe weniger Items operationalisiert wurde. Gleiches gilt für die Metaanalyse von Steel (2007), der 56 Studien einbezieht und ebenfalls über eine mittlere Effektgröße berichtet ($r = .28$). Insgesamt lässt sich somit festhalten, dass es zwischen Prokrastination und depressiver Symptomatik im Durchschnitt mittlere Korrelationen gibt, was durch die von van Eerde (2003, 2004) und Steel (2007) gefundenen mittleren Effektgrößen bestätigt wird.

Die Frage nach einer möglichen Ursache-Wirkungsbeziehung zwischen Prokrastination und Depressivität muss als offen betrachtet werden. Beide Wirkrichtungen sind dabei denkbar. Zum einen ist es nahe liegend anzunehmen, dass sich Antriebs-, Konzentrations- und Entscheidungsschwierigkeiten als Symptome einer Depression in Aufschiebeverhalten manifestieren könnten. Zum anderen können sich aber auch depressive Symptome wie die niedergeschlagene Stimmung als Konsequenz eines häufigen Aufschiebens und der damit einhergehenden Probleme ergeben. Aussagen über Kausalitäten sind zum gegenwärtigen Zeitpunkt noch nicht möglich.

2.6 Angst

Das Konstrukt der Angst wird gleichfalls in der wissenschaftlichen Fachliteratur als ein potentielles Korrelat in Bezug auf Prokrastination betrachtet. Diese Annahme begründet sich im Allgemeinen darin, dass Individuen auf angstinduzierende Situation oftmals mit Aufschiebe- oder Vermeidungsverhalten reagieren (vgl. Rothblum, 1990, Schwarzer, 2000). Im Folgenden soll das Konstrukt der Angst global abgegrenzt und in den Kontext von Leistungssituationen eingeordnet werden. Ausgehend davon, soll die Begrifflichkeit der Leistungsangst bzw. Prüfungsangst eingeführt und der Zusammenhang zur Prokrastination dargestellt werden.

2.6.1 Abgrenzung Angst

Angst kann allgemein definiert werden als „ein unangenehmes Gefühl, das in Situationen auftritt, die als bedrohlich eingeschätzt werden" (Schwarzer, 2000, S. 88) und auf die nicht angemessen reagiert werden kann (vgl. Krohne, 1996). Dieses subjektiv unangenehme Gefühl kann in seiner Empfindung stark variieren, d.h. von erlebter Beengung oder Erregung bis hin zu wahrgenommener

Spannung sowie Verzweiflung (vgl. Rost & Schermer, 1987). Diese definitorische Abgrenzung kann jedoch nicht als allgemein gültig erachtet werden, sondern erhält seine Legitimation nur innerhalb eines situationsspezifischen Kontextes. In der wissenschaftlichen Fachliteratur wird dieses mit der Begrifflichkeit der *state-anxiety* beschrieben. Demgegenüber steht die Begrifflichkeit der *trait-anxiety*, welche als „situationsüberdauernde und zeitlich stabile Anfälligkeit dafür, relativ leicht, oft und intensiv in Angstzustände zu geraten, verstanden wird" (Lukesch, 1998, S. 320). Aus den bisherigen Ausführungen lässt sich ableiten, dass ein einheitliches und integratives Konzept von Angst schwer zu bestimmen ist. Spielberger (1972) geht jedoch aufgrund seiner Forschungsarbeiten davon aus, dass Angst zwar durch situationsspezifische äußere Reize ausgelöst wird, dass es aber von der persönlichen Angstbereitschaft des Individuums abhängt, in welchem Grade diese zu einem akuten Angstzustand führen.

Das Konstrukt der Angst kann gleichwohl noch auf einer anderen Ebene differenziert werden und zwar hinsichtlich der erlebten Art der persönlichen Bedrohung. In diesem Zusammenhang kann man zwischen existentieller (physischer) und selbstwertbezogener (psychischer) Bedrohung unterscheiden. Während es sich bei Ersterer um eine Sorge der körperlichen Unversehrtheit handelt, bezieht sich die selbstwertbezogene Bedrohung auf eine subjektiv empfundene Gefahr für den Selbstwert des Individuums. (vgl. Schwarzer, 2000). Gerade Leistungssituationen können als selbstwertbedrohende Situationen charakterisiert werden. In diesem Zusammenhang soll die Begrifflichkeit der Leistungs- bzw. Prüfungsangst im folgenden Abschnitt in die Diskussion eingebracht werden.

2.6.2 Leistungs- und Prüfungsgsangst

Nach Schwarzer (1987) definiert sich Leistungsangst als „die Besorgtheit und Aufgeregtheit angesichts von Leistungsanforderungen, die als selbstwertbedrohlich eingeschätzt werden" (Schwarzer, 1987, S. 94). Diese Abgrenzungsperspektive involviert somit Merkmale der angstauslösenden Situation, des subjektiven Erlebens und des nachfolgenden Kognitionsprozesses (vgl. Schwarzer, 2000). Dem Kognitionsprozess, welcher in eine Aufgeregtheits- und einer Besorgtheitskomponente differenziert werden kann, kommt dabei eine zentrale Bedeutung zu. Während Aufgeregtheit u.a. durch wahrgenommene autonome Erregung und subjektive Anspannungsgefühle gekennzeichnet ist, beinhaltet die Besorgtheitskomponente Kognitionen bzgl. Selbstzweifeln, Versagen und Konsequenzen eines möglichen Misserfolges (vgl. Hodapp, 1991). Aus den bisherigen Ausführungen lässt sich somit ableiten, dass Leistungsangst weiter differenziert werden kann. Nach Schwarzer (2000) impliziert Leistungsangst überhöhte Lern- und Verhaltensprinzipien in Folge von gesellschaftlichen Bezugsnormen sowie Fähigkeitsattributionen, bezogen auf eine Bedrohung des Selbstwertgefühles. Letzteres wird durch die Nichterfüllung eigener Leistungsstandards oder Leistungserwartungen determiniert. Leistungssituationen beziehen sich im schulischen Kontext vor allem auf Prüfungssituationen, d.h. auf Klassenarbeiten, mündliche Abfragen, Referate etc. Einige Autoren unterscheiden in diesem Zusammenhang zwischen Leistungsangst und Prüfungsangst, d.h. Prüfungsangst wird als eigenständiges Teilkonstrukt operationalisiert. Einer Definition nach Fehm & Fydrich (2011) folgend, definiert sich Prüfungsangst als „anhaltende und deutlich spürbare Angst in Prüfungssituationen und/oder während der Zeit der Prüfungsvorbereitung, die den Bedingungen der Prüfungsvorbereitung und der Prüfung selbst nicht angemessen ist" (Fehm & Fydrich, 2011, S. 7). Zentrales Merkmal von Prüfungsängstlichen ist dabei die Befürchtung, dass bestimmte Ereignisse in der Prüfung oder in der Prüfungsvorbereitung ihren Selbstwert herabsetzen oder schädigen könnten (vgl. Küpfer, 1997).

2.6.3 Zusammenhang zwischen Angst und Prokrastination

Hinlänglich des Zusammenhanges zwischen den Konstrukten der Angst und der Prokrastination können aufgrund einer großen Variationsbreite von Untersuchungen positive Ergebnisse postuliert werden. Einige Autoren berichten von einem mittleren Zusammenhang zwischen dem Konstrukt der manifesten Angst und Prokrastination, bspw. fanden Beswick et al. (1988) einen mittleren Zusammenhang (r = .40). In Bezug auf das Konstrukt der Prüfungsangst berichtet Bossong (1993) ebenfalls einen mittleren Zusammenhang (r = .43). Vergleichbare Ergebnisse fanden Rothblum et al. (1986), wobei sich der Effekt stärker bei Frauen zeigte. Es muss allerdings bei allen vorgestellten Studien bedacht werden, dass sie ausschließlich ein gemeinsames Auftreten von Prokrastinations- und Angstvariablen belegen. Daher implizieren sie keine kausalen Zusammenhänge (Ursache / Wirkung). Zusammenfassend lässt sich feststellen, dass sich zwischen den Konstrukten der Angst und Prokrastination phänomenolgische Ähnlichkeiten beobachten lassen. Dieses äußert sich im Vermeidungsverhalten, geringer Selbstwirksamkeit oder Selbstregulation (vgl. Helmke et al., 2000; Milgram et al., 1992). Ferrari et al. (2000) weisen darauf hin, das Vermeidungstendenzen in diesem Zusammenhang protektive, d.h. selbstwertschützende Funktionen erfüllen könnten. Dieses folgert er daraus, dass sowohl Prokrastinierer, als auch Prüfungsängstliche wenig heraus-fordernde, leichte Aufgaben bevorzugen und somit der Umwelt ein geringes Maß an individuellen

Leistungsinformationen übermitteln. Abschließend kann konstatiert werden, dass Konstrukte der Angst eine Ursache, eine Begleiterscheinung oder Folge von Prokrastination sein könnten.

2.7 Schulunlust

Die bisher vorgestellten Theorien und Untersuchungen bezogen sich, wie zu Beginn dieser Arbeit erläutert, auf Prokrastination im akademischen Kontext. Mit Blick auf die Zielsetzung dieser Arbeit, sollten jedoch ebenfalls schulspezifische Variablen in die Diskussion einbezogen werden. In diesem Zusammenhang soll die Begrifflichkeit der Schulunlust eingeführt und abgegrenzt werden. Jünger (1988) beschreibt Schulunlust „als negative Grundeinstellung gegenüber der Schule", bzw. eine Beziehungsform die sich in: Ablehnung, Lernwiderstand, Gleichgültigkeit und Passivität manifestieren könnte (Jünger. 1988, S. 39). Innerhalb der wissenschaftlichen Fachliteratur werden zwei zentrale Gründe konstatiert. Auf der einen Seite institutionelle Gründe, bspw. schulspezifische Rahmenbedingungen und auf der anderen Seite, Bedingungsfaktoren in der familiären Struktur (vgl. Steinhausen, 2006; Jünger, 1988). Nach Czerwenka, Nölle & Pause (1990) manifestiert sich Schulunlust erstmalig im späten Kindesalter bzw. mit Eintritt der Pubertät. Im Vergleich zu den Konstrukten der Angst und Depressivität kann postuliert werden, dass es sich dabei nicht um eine eigenständige psychische Störung im engeren Sinne handelt. In Relation zu Prokrastination können jedoch phänomenologische Analogien beobachtet werden. Symptomatisch bei Schulunlust ist die Ablehnung von schulbezogenden Leistungsstandards (bspw. Hausaufgaben, Referate, aktive Teilnahme am Unterricht etc.) (vgl. Jünger, 1988). Folglich können Ähnlichkeiten zur Prokrastination abgeleitet werden.

2.8 Forschungsfragen und Hypothesen

Da Prokrastination im schulischen Kontext bisher nicht untersucht wurde, ist sie in der vorliegenden Arbeit das zentrale Untersuchungskonstrukt. Dabei interessiert insbesondere das Auftreten mit demografischen Merkmalen und die Interaktion mit Konstrukten der Angst und Depressivität. Geprüft werden Hypothesen und Fragestellungen, die sich aus bisher gefundenen akademischen Zusammenhängen und Effekten ableiten lassen. Entsprechende Abschnitte aus dem theoretischen Hintergrund sind in Klammern angegeben.

(1) Erscheinungsbild und Verteilung von Prokrastination

a) Forschungsfrage: Gibt es in der untersuchten Stichprobe relevante Belege für Prokrastination bei Schülern und Schülerinnen?

b) Sofern Belege gefunden werden, wird die Stichprobe nach folgenden Kriterien differenziert:

ba) Existieren Unterschiede zwischen den Geschlechtern?

bb) Existieren Unterschiede zwischen den Altersgruppen (13-16 Jahre)?

(2) Zusammenhang zwischen Prokrastination und Depressivität

a) Hypothese: Es gibt einen positiven Zusammenhang zwischen Prokrastination und Depressivität. (2.5.3)

b) Forschungsfrage: Existieren Unterschiede zwischen den Geschlechtern?

(3) Zusammenhang zwischen Prokrastination Angst, Prüfungsangst und Schulunlust

a) Hypothese: Es gibt einen positiven Zusammenhang zwischen manifester Angst und Prokrastination. (2.6.3)

b) Forschungsfrage: Gibt es Geschlechtsunterschiede?

c) Hypothese: Es gibt einen positiven .Zusammenhang zwischen dem Konstrukt der Prüfungsangst und Prokrastination. (2.6.3)

d) Forschungsfrage: Gibt es einen Unterschied zwischen den Geschlechtern?

e) Hypothese: Es gibt einen positiven Zusammenhang zwischen Prokrastination und Schulunlust. (2.7)

f) Frage: Gibt es Unterschiede zwischen den Geschlechtern?

3 Methoden

Ziel der vorliegenden Untersuchung ist eine Datenerhebung an einer schulischen Stichprobe. Die folgenden Abschnitte beschreiben die Durchführung der Stichprobe, die Untersuchungsstichprobe und die verwendeten Instrumente.

3.1 Vorbereitung und Durchführung der Untersuchung

Um der vorliegenden Studie eine möglichst hohe Aussagekraft zu verleihen, waren gewisse Vorüberlegungen unumgänglich. Im Besonderen bezogen sich diese auf die möglichen Instrumente sowie auf den Umfang und die Repräsentativität der Stichprobe. Aus ökonomischen sowie technischen Erwägungen wurde als Instrument ein zusammenhängender Fragebogen bestimmt, auf welchen im folgenden Abschnitt genau eingegangen wird. Bezogen auf den Umfang wurde eine Teilnehmerzahl von mindestens 100 Schüler und Schülerinnen im Alter von 13 bis 16 Jahren festgelegt, da sonst angestrebte statistische Verfahren in ihrer Anwendung eingeschränkt gewesen wären. Mit Hinblick auf die Repräsentativität der Stichprobe sollte eine möglichst heterogene Schülerschaft einbezogen werden, d.h. unterschiedliche soziale Schichten sowie differente schulische Leistungsmöglichkeiten. Daher wurde die Schulform der Gesamtschule ausgewählt. Alle Gesamtschulen des Kreises Herfords wurden bzgl. der Untersuchung und möglichen Teilnahme telefonisch informiert. Von diesen erklärten sich zwei zur Teilnahme bereit. Folgend wurden die Schulleitung sowie die entsprechenden Stufenleitungen (Jahrgangsstufe 8-10) in einem persönlichen Gespräch über den Ablauf und die Zielsetzung der Erhebung ausführlich informiert. Im Anschluss daran, wurden die Eltern der entsprechenden Jahrgangsstufen in einem Elternbrief[1] informiert und um die schriftliche Einverständniserklärung gebeten.

Der Ablauf und die Versuchsbedingungen gliederten sich wie folgt. Die Erhebung wurde an zwei Tagen an den jeweiligen Schulen durchgeführt (26.03.2012 und 29.03.2012). Jeweils ca. 10 Schüler und Schülerinnen, welche eine schriftliche Einverständniserklärung vorweisen konnten, füllten den ausgehändigten Fragebogen in einem separaten Klassenraum innerhalb von 30 bis 45 Minuten aus. Im Besonderen wurde darauf geachtet, dass die Sitzanordnung ein größtmögliches Maß an Diskretion bot, d.h. zwischen den Plätzen lagen zu beiden Seiten zwei freie Plätze. Falls die Schüler und Schülerinnen Fragen zu Items hatten, so wurde dieses durch Handzeichen mitgeteilt, woraufhin eine an die

---

[1] Der Elternbrief befindet sich im Anhang.

Versuchsbedingungen angepasste Antwort durch den Versuchsleiter gegeben wurde (Verfasser dieser Arbeit).

3.2 Untersuchungsstichprobe

Insgesamt haben 109 Schüler und Schülerinnen an der Untersuchung teilgenommen, jedoch wurden nur 104 Fragebögen vollständig und korrekt ausgefüllt. Die Verteilung der Geschlechter ist in etwa gleich: 49 (47,1%) waren männlich und 55 waren weiblich (52,9%). Das Durchschnittsalter beträgt 14,75 Jahre (13 bis 16 Jahre) mit einer Standardabweichung von 0,922.

Tabelle 1: Deskriptive Angaben zum Alter

Alter

Alter	Häufigkeit	Prozent	Kumulierte Häufikeit	Kumulierte Prozente
13	11	10,6	11	10,6
14	27	26,0	38	36,5
15	43	41,3	81	77,9
16	23	22,1	104	100
Gesamt	104	100		

Tabelle 2: Deskriptive Angaben zu den Jahrgangsstufen

Klasse

Klasse	Häufigkeit	Prozent	Kumulierte Häufigkeit	Kumulierte Prozente
8	28	26,9	28	26,9
9	44	42,3	72	69,2
10	32	30,8	104	100,0
Gesamt	104	100,0		

3.3 Instrumente

Der eingesetzte Fragebogen[2] setzt sich aus drei einzelnen Instrumenten zusammen, wobei jeweils die originären Versuchsinstruktionen verwendet wurden. Erfasst werden demografische Merkmale, Prokrastination, Depressivität und Konstrukte der Angst. Insgesamt enthält der Fragebogen 92 Items.

Tuckman Prokrastination Scale (TPS-D)

Die Tuckman Procrastination *Scale* (Tuckman, 1991) ist ein Selbstbeurteilungsfragebogen zur Erfassung von Prokrastination in Bezug auf die Bearbeitung von Aufgaben und Entscheidungen (bspw. „Ich schiebe die Erledigung von Arbeiten im unnötigerweise auf, auch dann, wenn sie wichtig sind" oder „Schwierige

---

[2] Der komplette Fragebogen befindet sich im Anhang.

Entscheidungen schiebe ich vor mir her".). In der Untersuchung wurde die deutsche Übersetzung (TPS-D) von Stöber & Joormann (1995) verwendet. Die Beantwortung der Items erfolgt auf einer fünfstufigen Likertskala (1 „trifft überhaupt nicht zu", 2 „trifft eher nicht zu", 3 „weder noch", 4 „trifft eher zu", 5 „trifft ganz genau zu"), auf der die Teilnehmer beantworten sollten, inwiefern eine gegebene Aussage auf ihr Verhalten zutrifft. An dieser Stelle sei anzumerken, dass in der ursprünglichen Version des Fragebogens die Beantwortung der Items mit einer vierstufigen Likertskala erfolgte. Die Entwicklung der Tuckman Procrastination Scale erfolgte von Tuckman (1991) mit Hilfe einer induktiven Testkonstruktion. Die ursprünglichen 72 Items konnten anhand von zwei Faktoranalysen auf 16 Items reduziert werden, wobei sich die Skala abschließend als eindimensional erwies (vgl. Tuckman, 1991). Die interne Konsistenz wurde über das Cronbachs Alpha in einer Stichprobe von 183 College-Studenten ermittelt und betrug .86. Somit erwies sich die Skala als intern konsistent. In einer Studie von Stöber (1995) sowie Stöber und Joormann (2001) konnte die einfaktorielle Lösung für die in dieser Studie verwendete deutsche Version des TPS gleichermaßen bestätigt werden. Zudem zeigte sich ebenfalls eine hohe interne Konsistenz ($\alpha = .92$).

Depressions-Inventar für Kinder und Jugendliche (DIKJ)

Das Depressions-Inventar für Kinder und Jugendliche (Stiensmeier-Pelster, Schürmann & Duda, 1989) ist ein auf der Grundlage des *Children Depression Inventory* (Kovacs, 1982) entwickeltes Messinstrument zur Erfassung depressiver Störungen im Kindes- und Jugendalter (8 bis 17 Jahre). Die Autoren orientierten sich zu Beginn an einer engen Übersetzung des englischsprachigen Originals, was jedoch teilweise zu Verständnisproblemen bei den Probanden führte und somit unbefriedigende Resultate bzgl. der psychometrischen Qualität lieferte. Des Weiteren wurden ein Item, was Suizidgedanken thematisierte gestrichen und ein Item bzgl. der Bewältigungsmöglichkeit individueller Probleme hinzugefügt. Nach weiteren sprachlichen Korrekturen und der Entfernung eines Items in Bezug auf Hypochondrie, entstand die 26 Items umfassende zweite Auflage im Jahre 1999, welche hinsichtlich der vorliegenden Studie dieser Arbeit verwendet wurde (vgl. Stiensmeier-Pelster, Schürmann & Duda, 2000). Das Antwortformat der 26 Items fordert von den Probanden eine Entscheidung zwischen drei Antwortalternativen zu treffen, welche die Ausprägungen einer depressiven Symptomatik charakterisieren (bpsw. Einsamkeit: „Ich fühle mich nicht einsam", „ich fühle mich häufig einsam", ich fühle mich ständig einsam"). In diesem Zusammenhang sei anzumerken, dass die dargebotene Reihenfolge der

Ausprägungen variiert. Die wertende Komponente der Ausprägung ist dabei wie folgt gekennzeichnet: (0) Symptom liegt nicht vor, (1) Symptom liegt in mittlerer Stärke vor, und (2) Symptom liegt in hoher Stärke vor. Insgesamt betreffen die 26 Items eine äquivalente Anzahl depressiver Symptome. In Bezug auf die Realibität des Instrumentes können sehr gute Werte postuliert werden, unterschiedliche Stichproben (bspw. Stiensmeier-Pelster, Schürmann, Duda, 1991; Dickhäuser & Stiensmeier-Pelster, 2000) weisen sehr gute Werte für die interne Konsistenz auf (α = 0,816 - 0,879). Gleiches kann für die Validität konstatiert werden, welche mit Hilfe von Korrelationsuntersuchungen in Bezug auf andere Konstrukte in mehreren Stichproben nachgewiesen wurde. Folglich soll im Rahmen dieser Arbeit keine weitergehenden Untersuchungen bzgl. der Reliabilität und Validität erfolgen (vgl. Stiensmeier-Pelster et al. 2000)

Angstfragebogen für Schüler (AFS)

Der Angstfragebogen für Schüler (Wieczerkowski, Nickel, Janowski, Fittkau & Rauer, 1975) ist eine mehrfaktorielles Messinstrument zur Erfassung von Konstrukten der Angst bei Schüler und Schülerinnen im Alter von 9 bis 16 Jahren (u.U. 17 Jahren). Die Konstrukte der Angst werden dabei mit Hilfe von zwei Skalen erfasst. Erstere erfasst das Konstrukt der Prüfungsangst, welche die Autoren mit gefühlter Unzulänglichkeit und Hilflosigkeit in schulischen Prüfungssituationen sowie Ängste bzgl. eines Leistungsversagen beschreiben. Die zweite Skala erfasst das Konstrukt der manifesten (allgemeinen) Angst, welche mit Hilfe von globalen Angstsymptomen operationalisiert wird (bspw. Herzklopfen, Nervosität, Furchtsamkeit, geringes Selbstvertrauen etc.) (vgl. Wieczerkowski et al., 1975). Zusätzlich zu den Konstrukten der Angst werden zwei weitere Merkmale erfasst. Zum einen die erlebte oder gefühlte Schulunlust, welche sich allgemein als negative Einstellung gegen die Institution der Schule in Zusammenhang mit unlustvollen Erfahrungen oder motivationellen Defiziten beschreiben lässt und um anderen, als eine Tendenz sozialerwünschte Antworten zu geben. Diese Tendenz kann different interpretiert werden, d.h. sowohl als ein sog. Lügenitem als auch als die Ängstlichkeit von erwünschten sozialen Normen abzuweichen. Die Ursprüngliche Testform basierte auf 96 Items, welche auf die vier beschriebenen Skalenbereiche in etwa gleich verteilt waren. In den für die Untersuchung eingesetzten Fragebogen wurde die zweite Auflage des Testes eingefügt, welcher auf 50 Items basiert (Prüfungsangst: 15 Items, manifeste Angst: 15 Items, Schulunlust: 10 Items, soziale Erwünschtheit: 10 Items). Die Reduktion der Items konnte mit Hilfe von Untersuchungen bzgl. der Trennschärfe und der Schwierigkeitsgerade generiert werden. Das Antwortformat der

50 Items fordert den Probanden auf, eine Entscheidung in Bezug auf eine Aussage zu treffen, wobei zwei Antwortalternativen zur Auswahl stehen (bspw. „Ich habe öfters Herzklopfen", stimmt / stimmt nicht, „Ich mache mir oft Sorgen, ob ich versetzt werde", stimmt / stimmt nicht). In Bezug auf die Reliabilität können analog zum DIKJ positive Werte postuliert werden. In mehreren unabhängigen Untersuchungen der Autoren konnte eine zufriedenstellende interne Konsistenz der Skalen nachgewiesen werden (r = .67 bis r = .85) sowie eine zuverlässige die Retest-Reliabilität (r = .67 bis r = .77). Gleichfalls kann sich über die Validität positiv geäußert werden, da Untersuchungen zur Kriteriumsvalidität sowie Gruppenvergleiche entsprechende Ergebnisse lieferte (vgl. Wieczerkowski et al. 1975). Folglich soll auch dieser Test im Rahmen dieser Arbeit nicht weitergehend in Bezug auf Reliabilität und Validität untersucht werden.

4. Ergebnisse

In diesem Teil findet sich eine Übersicht über relevante sowie die Hypothesen und Fragestellungen betreffenden Ergebnisse.

4.1 Reliabilität

Bevor mit der Auswertung der Daten begonnen werden konnte, musste sicher-gestellt werden, dass die die deutschsprachige Version der Tuckman Procrastiantion Scale (TPS-D) reliable Ergebnisse in Bezug auf die Stichprobe (Schüler und Schülerinnen im Alter von 13 bis 16 Jahren) liefern konnte. Daher wurde die interne Konsistenz der Items mit Hilfe von Cronbachs Alpha be-stimmt. Es zeigte sich ein hoher Wert für Cronbachs Alpha (α = .815). Daher kann davon ausgegangen werden, dass die interne Konsistenz gewährleistet ist und somit reliable Ergebnisse vorliegen.

4.2 Verteilung der Konstrukte

Im Folgenden werden die deskriptiven Angaben der erhobenen Konstrukte dar-gestellt.

Die Tabelle 3 zeigt die arithmetischen Mittelwerte (M), Standardabweichungen (SD) und den Standardfehler des Mittelwertes (SE) der *Tuckman Procrastination Scale* (TPS-D). Für Schüler konnte ein Mittelwert von 45,0816 (SD = 9,89705; SE=1,41386) ermittelt werden, für Schülerinnen wurde ein ver-gleichbarer Mittelwert von 44,9273 (SD = 10,48783; SD = 1,41418) gefunden und für die gesamte Stichprobe, ein nahezu kongruenter Mittelwert von 45,0000 (SD = 10,16466; SE = 0,99673). Die Verteilung ist in Abbildung 1 für die ge-samte Stichprobe grafisch dargestellt.

Tabelle 3: Deskriptive Angaben zur Prokrastination

Geschlecht	N	M	SD	SE
männlich	49	45,0816	9,89705	1,41386
weiblich	54	44,9273	10, 48783	1,41418
gesamt	104	45,0000	10,16466	0,99673

Abbildung 1: Histogramm der Verteilung von Prokrastination über die gesamte Stichprobe

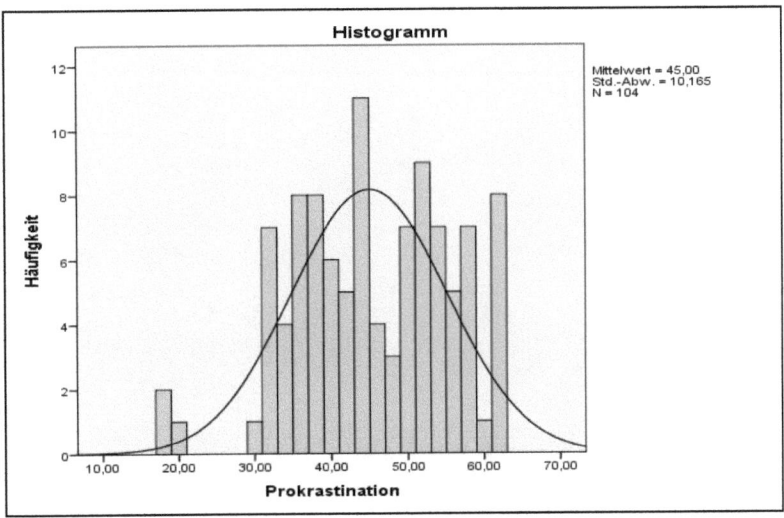

Die Tabelle 4 zeigt die arithmetischen Mittelwerte (M), Standardabweichungen (SD) und den Standardfehler des Mittelwertes (SE) des *Depressions-Inventar für Kinder und Jugendlichen (DIKJ)*. Für Schüler konnte ein Mittelwert von 11,2245 (SD = 8,21144; SE=1,17306) ermittelt werden, für Schülerinnen wurde ein höherer Mittelwert von 12,4182 (SD = 6,08487; SD = 0,82048) gefunden und für die gesamte Stichprobe, ein Mittelwert von 11,8558 (SD = 7,15490; SE = 0,70160). Die Verteilung ist in Abbildung 2 grafisch dargestellt

Tabelle 4: Deskriptive Angaben zur Depressivität

Geschlecht	N	M	SD	Standardfehler des Mittelwerts
männlich	49	11,2245	8,21144	1,17306
weiblich	54	12,4182	6,08487	0,82048
gesamt	104	11,8558	7,15490	0,70160

Abbildung 2: Balkendiagramm der Verteilung von Depressivität über die gesamte Stichprobe

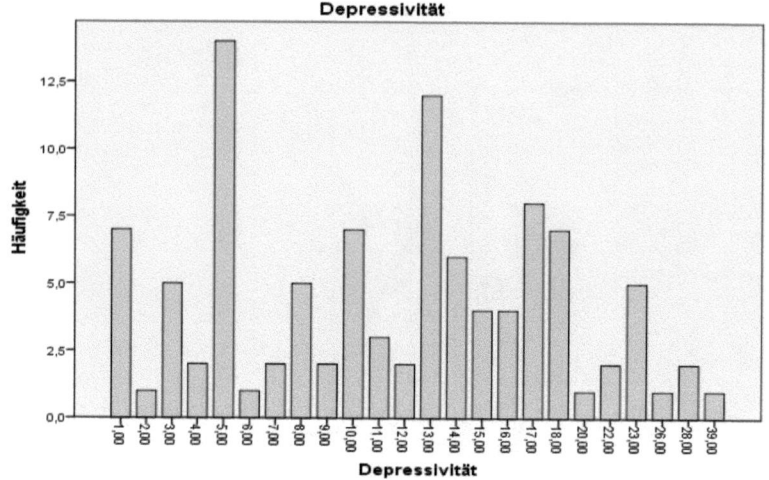

Die Tabelle 5 zeigt die arithmetischen Mittelwerte (M), Standardabweichungen (SD) und den Standardfehler des Mittelwertes (SE) des Angstfragebogens für Schüler (AFS) bezogen auf die Skala Prüfungsangst. Für Schüler konnte ein Mittelwert von 7,6122 (SD = 3,23919; SE = 0,46274) gefunden werden, bei Schülerinnen zeigte sich ein leicht höherer Mittelwert von 8,0364 (SD = 3,50642; SD = 0,47280) und bezogen auf die gesamte Stichprobe, ein Mittelwert von 7,8365 (SD = 3,37354; SE = 0,33080). Die Verteilung ist in Abbildung 3 für die gesamte Stichprobe grafisch dargestellt.

Tabelle 5: Deskriptive Angaben zum Konstrukt der Prüfungsangst

Geschlecht	N	M	SD	Standardfehler des Mittelwerts
männlich	49	7,6122	3,23919	0,46274
weiblich	54	8,0364	3,50642	0,47280
gesamt	104	7,8365	3,37354	0,33080

Abbildung 3: Balkendiagramm der Verteilung von Prüfungsangst über die gesamte Stichprobe

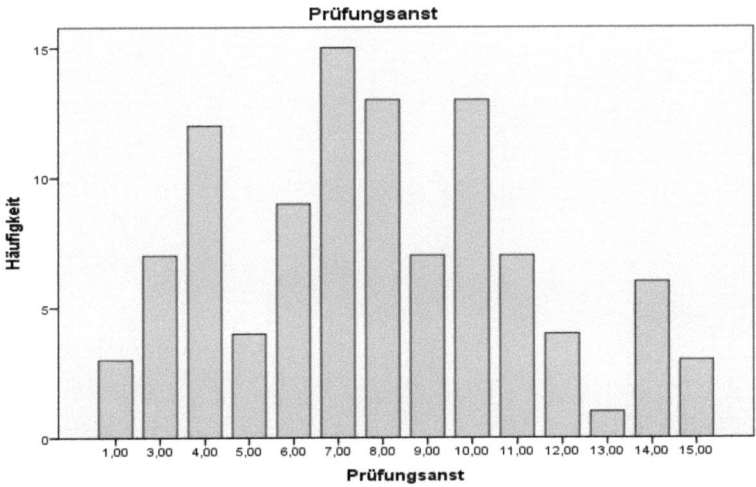

Die Tabelle 6 zeigt die arithmetischen Mittelwerte (M), Standardabweichungen (SD) und den Standardfehler des Mittelwertes (SE) des *Angstfragebogens für Schüler (AFS)* bezogen auf die Skala der manifesten Angst. Für Schüler konnte ein Mittelwert von 7,9592 (SD = 8,87402; SE= 1,26772) ermittelt werden, für Schülerinnen wurde ein vergleichbarer Mittelwert von 7,7455 (SD = 3,25587; SD = 0,43902) gefunden und für die gesamte Stichprobe, ein nahezu kongruenter Mittelwert von 7,8462 (SD = 6,50134; SE = 0,63751) gefunden werden. Eine grafische Übersicht für die gesamte Stichprobe ist in Abbildung 4 zu sehen.

Tabelle 6: Deskriptive Angaben zum Konstrukt der manifesten Angst

Geschlecht	N	M	SD	Standardfehler des Mittelwerts
männlich	49	7,9592	8,87402	1,26772
weiblich	54	7,7455	3,25587	0,43902
gesamt	104	7,8462	6,50134	0,63751

Abbildung 4: Balkendiagramm der Verteilung von manifester Angst über die gesamte Stichprobe

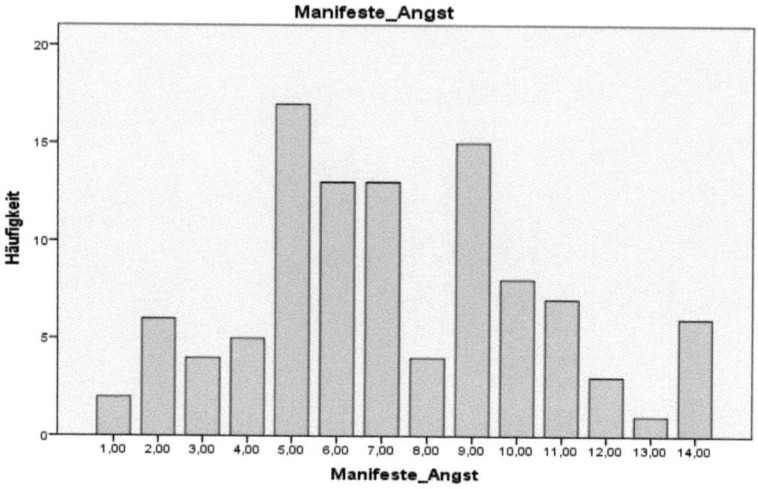

Die Tabelle 7 zeigt die arithmetischen Mittelwerte (M), Standardabweichungen (SD) und den Standardfehler des Mittelwertes (SE) des *Angstfragebogens für Schüler (AFS)* bezogen auf die Skala der Schulunlust. Für Schüler konnte ein Mittelwert von 4,4286 (SD = 2,85774; SE = 0,40825) ermittelt werden, bei Schülerinnen konnte ein nahezu identischer Mittelwert von 4,3455 (SD = 2,51822; SD = 0,33956) erhoben und für die gesamte Stichprobe, ein Mittelwert von 4,3846 (SD = 2,67062; SD = 0,26188) gefunden werden. Die Abbildung 5 zeigt die Verteilung für die gesamte Stichprobe.

Tabelle 7: Deskriptive Angaben zur Schulunlust

Geschlecht	N	M	SD	Standardfehler des Mittelwerts
männlich	49	4,4286	2,85774	0,40825
weiblich	54	4,3455	2,51822	0,33956
gesamt	104	4,3846	2,67062	0,26188

Abbildung 5: Balkendiagramm zur Verteilung von Schulunlust über die gesamte Stichprobe

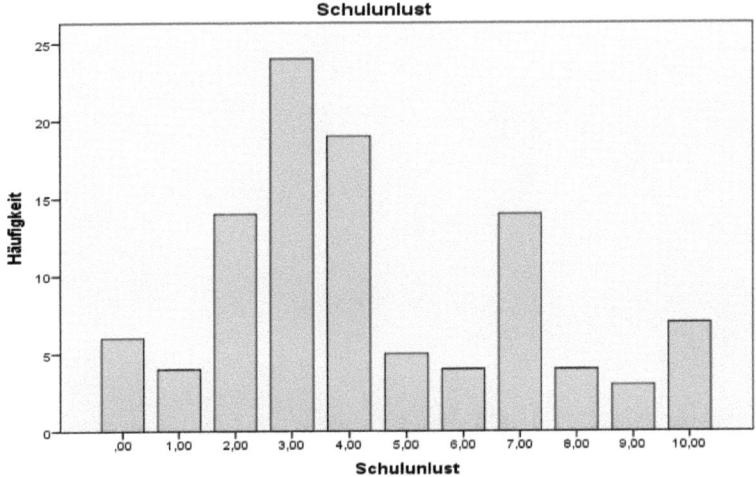

Die Tabelle 8 zeigt die arithmetischen Mittelwerte (M), Standardabweichungen (SD) und den Standardfehler des Mittelwertes (SE) des *Angstfragebogens für Schüler (AFS)* bezogen auf die Skala der sozialen Erwünschtheit. Für Schüler konnte ein Mittelwert von 3,5306 (SD = 1,93759; SE = 0,27680) gefunden werden, bei Schülerinnen zeigte sich ein leicht höherer Mittelwert von 4,6182 (SD = 2,47574; SD = 0,33383) und bezogen auf die gesamte Stichprobe, ein Mittelwert von 4,1058 (SD = 2,29359; SE = 0,22490). Die Verteilung der Werte über die gesamte Stichprobe ist in Abbildung 6 dargestellt.

Tabelle 8: Deskriptive Angaben zur sozialen Erwünschtheit

Geschlecht	N	M	SD	Standardfehler des Mittelwerts
männlich	49	3,5306	1,93759	0,27680
weiblich	54	4,6182	2,47574	0,33383
gesamt	104	4,1058	2,29359	0,22490

Abbildung 6: Balkendiagramm zur Verteilung der sozialen Erwünschtheit über die gesamte Stichprobe

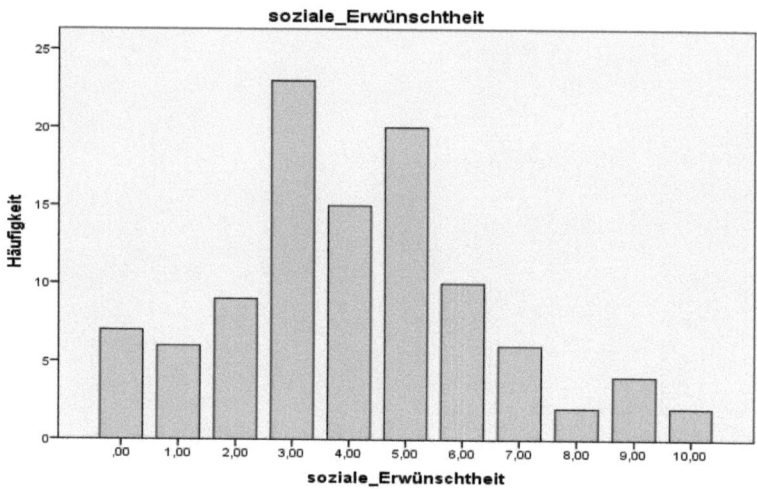

4.3 Geschlechtsspezifische und alterspezifische Unterschiede in Bezug auf Prokrastination

Die Tabelle 9 zeigt die Ergebnisse eines T-Tests (bei unabhängigen Stichproben und Varianzgleichheit) in Bezug auf geschlechtsspezifische Unterschiede der Prokrastinationswerte. Wie sich bereits bei den Mittelwerten und den Standardabweichungen zeigte, fallen die Unterschiede zwischen den Geschlechtern, in Bezug auf die Prokrastinationswerte, nicht relevant aus. Der p-Wert beträgt 0,939.

36

Tabelle 9: Ergebnis des T-Testes in Bezug auf Geschlechtsunterschiede der Prokrastination

		Levene-Test der Varianzgleichheit		T-Test für die Mittelwertgleichheit	
		F	Signifikanz	T	df
Prokrastination	Varianzen sind gleich	.025	.875	.077	102

		T-Test für Mittelwertgleichheit		
		Sig. (2-seitig)	Mittlerer Differenz	Standardfehler der Differenz
Prokrastination	Varianzen sind gleich	.939	.15436	2.00649

		T-Test für die Mittelwertgleichheit	
		95% Konfidenzintervall der Differenz	
		Untere	Obere
Prokrastination	Varianzen sind gleich	-3.82550	4.13422

Die Tabelle 10 zeigt die Ergebnisse einer Varianzanalyse bezogen auf die alters-
spezifischen Unterschiede der Prokrastinationswerte. Es konnte kein signifikanter Einfluss des Alters auf die Prokrastinationswerte festgestellt werden, da der
p-Wert mit 0.151 über dem gewählten Signifikanzniveau liegt. Es kann lediglich
5% der Varianz der Prokrastinationswerte durch das Alter erklärt werden.

Tabelle 10: Ergebnis der Varianzanalyse in Bezug auf alterspezifische Unterschiede der
Prokrastination

Quelle	Quadratsumme vom Typ III	df	Mittel der Quadrate	F	Sig
Alter	547.568	3	182.523	1.808	.151

R-Quadrat = 0.51 (korrigiertes R-Quadrat = .023)

4.4 Korrelationen der Konstrukte

Im Folgenden soll über die Korrelationen der Konstrukte berichtet werden, im
Besonderen sollen dabei geschlechtsspezifische Unterschiede betrachtet werden.

Die Tabellen 11 und 12 zeigen die Ergebnisse der Korrelationen zwischen Prokrastination und Depressivität nach Pearson. Es konnte ein positiver mittlerer Zusammenhang zwischen Prokrastination und Depressivität von r = .366 über die gesamte Stichprobe gefunden werden. Geschlechtsspezifische Unterschiede sind dabei gering ausgeprägt, d.h. für Schüler r = .358 und Schülerinnen r = .395.

Tabelle 11: Korrelation zwischen Prokrastination und Depressivität (gesamte Stichprobe)

		Depressivität
Prokrastination	Korrelation nach Pearson	.366 **
	Signifikanz (2-seitig)	.000
	N	104

** Die Korrelation ist auf dem Niveau von 0,01 (2-seitig) signifikant.

Tabelle 12: Korrelation zwischen Prokrastination und Depressivität (geschlechtsspezfisch)

Geschlecht			Depressivität
Männlich	Prokrastination	Korrelation nach Pearson	.358*
		Signifikanz (2-seitig)	.012
		N	49
Weiblich	Prokrastination	Korrelation nach Pearson	.395**
		Signifikanz (2-seitig)	.003
		N	55

** Die Korrelation ist auf dem Niveau von 0,01 (2-seitig) signifikant.

Die Tabellen 13 und 14 zeigen die Ergebnisse der Korrelationen zwischen Prokrastination und dem Konstrukt der manifesten Angst nach Pearson. Eine Korrelation zwischen Prokrastination und manifester Angst, die sich signifikant von Null unterscheidet, konnte bezogen auf die gesamte Stichprobe nicht gefunden werden. Dieses begründet sich durch einen p-Wert von 0.237, welcher somit über dem Signifikanzniveau von 5% liegt. In Bezug auf geschlechtsspezifische Unterschiede konnte eine geringe positive Korrelation bei Schülerinnen festgestellt werden mit r = .286. Bei Schülern hingegen konnte kein linearer Zusammenhang gefunden werden.

Tabelle 13: Korrelation zwischen Prokrastination und manifester Angst (gesamte Stichprobe)

		Manifeste Angst
Prokrastination	Korrelation nach Pearson	.117
	Signifikanz (2-seitig)	.237
	N	104

Tabelle 14: Korrelation zwischen Prokrastination und manifester Angst (geschlechtsspezifisch)

Geschlecht			Manifeste Angst
Männlich	Prokrastination	Korrelation nach Pearson	.064
		Signifikanz (2-seitig)	.664
		N	49
Weiblich	Prokrastination	Korrelation nach Pearson	.286*
		Signifikanz (2-seitig)	.034
		N	55

* Die Korrelation ist auf dem Niveau von 0,05 (2-seitig) signifikant.

Die Tabellen 15 und 16 zeigen die Ergebnisse der Korrealtionen zwischen Prokrastination und dem Konstrukt der Prüfungsangst nach Pearson. Über die gesamte Stichprobe hinweg konnte eine geringe positive Korrelation zwischen Prüfungsangst und Prokrastination mit r = .276 gefunden werden. In Bezug auf geschlechtsspezifische Unterschiede konnte bei Schülern kein linearer Zusammenhang gefunden werden, jedoch eine mittlere positive Korrealtion von r = .482 bei Schülerinnen.

Tabelle 15: Korrelation zwischen Prokrastination und Prüfungsangst (gesamte Stichprobe)

		Prüfungsangst
Prokrastination	Korrelation nach Pearson	.276**
	Signifikanz (2-seitig)	.005
	N	104

** Die Korrelation ist auf dem Niveau von 0,01 (2-seitig) signifikant.

Tabelle 16: Korrelation zwischen Prokrastination und Prüfungsangst (geschlechtsspezifisch)

Geschlecht			Prüfungsangst
Männlich	Prokrastination	Korrelation nach Pearson	.012
		Signifikanz (2-seitig)	.934
		N	49
Weiblich	Prokrastination	Korrelation nach Pearson	.482**
		Signifikanz (2-seitig)	.000
		N	55

** Die Korrelation ist auf dem Niveau von 0,01 (2-seitig) signifikant.

Die Tabellen 17 und 18 zeigen die Ergebnisse der Korrelationen zwischen Prokrastination und Schulunlust nach Pearson. Zwischen Prokrastination und Schulunlust konnte eine hohe positive Korrelation mit r = .575 über die gesamte Stichprobe nachgewiesen werden. Die Geschlechtsunterschiede sind dabei marginal, d.h. für Schüler r = .575 und Schülerinnen r = .579.

Tabelle 17: Korrelation zwischen Prokrastination und Schulunlust (gesamte Stichprobe)

		Schulunlust
Prokrastination	Korrelation nach Pearson	.575**
	Signifikanz (2-seitig)	.005
	N	104

** Die Korrelation ist auf dem Niveau von 0,01 (2-seitig) signifikant.

Tabelle 18: Korrelation zwischen Prokrastination und Schulunlust (geschlechtsspezifsch)

Geschlecht			Schulunlust
Männlich	Prokrastination	Korrelation nach Pearson	.579**
		Signifikanz (2-seitig)	.000
		N	49
Weiblich	Prokrastination	Korrelation nach Pearson	.577**
		Signifikanz (2-seitig)	.000
		N	55

** Die Korrelation ist auf dem Niveau von 0,01 (2-seitig) signifikant.

5. Diskussion und Zusammenfassung

In diesem Kapitel sollen die Fragestellungen und Hypothesen diskutiert werden. Des Weiteren sollen die bisher betrachteten theoretischen Grundlagen in die Diskussion eingebunden werden.

Um die gewonnenen Befunde der Prokrastinationswerte besser einordnen zu können, soll eine Referenzstudie von Stöber & Joormann (2001) in die Diskussion eingebracht werden. Zwar bezieht sich diese auf den akademischen Kontext, jedoch wurde zur Erhebung der Prokrastinationswerte das identische Messinstrument (Tuckman Procrastination Scale) eingesetzt. Ein Vergleich erscheint daher sinnvoll. Stöber & Joormann (2001) konnten einen Mittelwert von 47.73 (SD = 12.63) erheben. Somit kann konstatiert werden, dass bezogen auf die Stichprobe der Schüler und Schülerinnen, vergleichbare Werte gefunden werden konnten (M = 45; SD = 10.16). Ausgehend von diesem Sachverhalt könnte gefolgert werden, dass Prokrastination innerhalb der untersuchten Stichprobe evident ist (Forschungsfrage 1a). Dieser Sachverhalt muss jedoch eingeschränkt betrachtet werden, da die TPS-D keine qualitativen Aussagen zulässt, d.h. keine kategorialen Differenzierungen hinsichtlich des Prokrastinationsniveaus.

Bezogen auf die Geschlechtsunterschiede (Forschungsfrage 1 ba) konnten keine signifikanten Differenzen identifiziert werden. Stöber & Joormann (2001) haben diesen Sachverhalt nicht erhoben, so dass kein Vergleich möglich ist. An dieser Stelle sei nochmals auf die inkonsistente Befundlage innerhalb der Fachwissenschaft hinzuweisen (vgl. Prävalenz, Kapitel 2.2). Bisher bieten Entstehungs- und Erklärungstheorien der Prokrastination keinen hinreichenden Hinweis darauf, dass geschlechtsspezifische Unterschiede existieren könnten. Lediglich Helmke & Schrader (2000) konnten geschlechtsspezifische Unterschiede berichten.

Altersspezfische Unterschiede im Prokrastinationsverhalten konnten ebenfalls nicht identifiziert werden (Forschungsfrage 1 bb). Im akademischen Kontext gibt es durchaus Hinweise, dass Aufschiebe- und Vermeidungs-verhalten mit zunehmendem Alter rückläufig ist. Dieses wird in der Hauptsache mit der Adaption von Lern- und Bewältigungsstrategien erklärt (vgl. O'Donoghue & Rabin, 1999). Dieser Sachverhalt ist jedoch bis heute nicht hinreichend erklärt und wird innerhalb der Prokrastinationsforschung kontrovers diskutiert (vgl. Prävalenz, Kapitel 2.2). Des Weiteren ist ein Vergleich, zwischen akademischen und schulischen Stichproben in Bezug auf diese spezielle Fragestellung möglicherweise nicht zielführend. Dieses begründet sich aufgrund altersspezifischer Restriktionen, bezogen auf akademische und schulische Lernkontexte. Im Jugendalter liegt der Fokus möglicherweise auf dem Erwerb basaler Lernstrategien (bspw. das Zusammenfassen und Strukturieren von Texten), wohingegen im jungen Erwachsenenalter, diese in einem gewissen Maße vorausgesetzt werden können. Folglich könnte ein gewisses Maß, des Prokrastinationsverhaltens im schulischen Kontext, durch noch nicht vollständig elaborierte Lernstrategien begründet werden.

Es konnte ein mittlerer positiver Zusammenhang zwischen Prokrastination und Depressivität mit r = .366 gefunden werden (Hypothese 2a). Dieser deckt sich mit den Ergebnissen von Stöber & Joormann (2001), welche ebenfalls einen positiven mittleren Zusammenhang von r = .322 identifizieren konnten. Die Vergleichbarkeit der beiden Stichproben wird jedoch dadurch gemindert, dass Stöber & Joormann (2001) zur Erhebung der Depressivität ein alternatives Messinstrument verwendet haben (BDI, Beck et al., 1978). Des Weiteren kann postuliert werden, dass sowohl deutsche als auch anglo-amerikanische Untersuchungen vergleichbare Korrelate zwischen Prokrastination und Depressivität bestimmen konnten (u.a. Solomon & Rothblum, 1988; van Erde, 2003).

Signifikante geschlechtsspezifische Differenzen (Forschungsfrage 2b) konnten innerhalb der untersuchten Stichprobe nicht gefunden werden. Geschlechtsspezifische Unterschiede wurden in vergleichbaren Studien ebenfalls nicht berichtet. Mit Hinblick auf die geschlechtsspezifischen Prävalenzen der Depressivität, hätte davon ausgegangen werden können, dass Unterschiede bestehen (vgl. Culbertson, 1997).

In diesem Zusammenhang stellt sich weiterhin die Frage nach der Wirkrichtung der gefundenen positiven Korrelationen. Prokrastination und Depressivität könnten sich gegenseitig bedingen, dabei ist die Frage nach Ursache und Wirkung bisher nicht abschließend geklärt. Ein zentrales Merkmal beider Konstrukte ist die Diskrepanz zwischen Handlungsintention und der tatsächlichen Handlungsausführung. Ausgehend von diesem Sachverhalt können zwei mögliche Kausalketten gebildet werden, welche im Folgenden skizziert werden. Auf der einen Seite bedingt Prokrastination (Ursache) häufig kumulierte Lernmisserfolge. Die daraus resultierende Herabsetzung der Selbst-wirksamkeit könnte eine depressive Verstimmung (Wirkung) generieren. Andererseits können für Depressivität (Ursache) charakteristische Symptome, wie bspw. Antriebslosigkeit Entscheidungs- und Konzentrationsschwierigkeiten, Aufschiebe- und Vermeidungsverhalten (Wirkung) hervorrufen (vgl. Zusammen-hang zwischen Prokrastination und Depressivität, Kapitel 2.5.3).

Für den Zusammenhang von Prokrastination mit manifester Angst konnte, über die gesamte Stichprobe, kein signifikanter Zusammenhang gefunden werden (r = .177). Daher kann Hypothese 3a nicht bestätigt werden. Stöber & Joormann (2001) konnten demgegenüber einen mittleren positiven Zusammenhang identifizieren (r = 30). Es sei jedoch anzumerken, dass das Konstrukt der Angst mit dem Beck Anxiety Inventory (BAI, Beck & Steer, 1993) operationalisiert wurde. Des Weiteren fanden Beswick et al. (1988) ebenfalls einen mittleren positiven Zusammenhang von r = .40. Bei genauerer Betrachtung von geschlechtsspezifischen Unterschieden (Forschungsfrage 3b), konnte bei Schülerinnen ein mittlerer positiver Zusammenhang von r = .286 identifiziert werden. Bei Schülern konnte kein signifikanter Zusammenhang gefunden werden. In vergleichbaren Untersuchungen wurden geschlechtsspezifische Variablen nicht berichtet, daher ist eine Vergleichbarkeit nicht gegeben.

Für den Zusammenhang von Prokrastination und Prüfungsangst (Hypothese 3c) konnte hingegen ein positiver mittlerer Zusammenhang von r = .276 für die gesamte Stichprobe identifiziert werden. Stöber & Joorman (2001) haben diesen Zusammenhang nicht untersucht. Bossong (1993) konnte jedoch gleichfalls einen mittleren positiven Zusammenhang von r = .43 berichten. In der untersuchten Stichprobe der Schüler und Schülerinnen konnten, bei ge-nauerer Betrachtung der Ergebnisse, große Diskrepanzen in Bezug auf geschlechtsspezifische Unterschiede festgestellt werden (Forschungsfrage 3d). Für Schüler wurde kein signifikanter Zusammenhang zwischen Prokrastination und Prüfungsangst festgestellt. Bei Schülerinnen hingegen konnte ein mittlerer positiver Zusammenhang von r = .482 festgestellt werden, was sich mit den Ergebnissen von Rothblum et al. (1986) deckt. Da die Konstrukte der Angst (manifeste Angst, Prüfungsangst) tendenziell mit Vermeidungsverhalten assoziiert sind, konnten die gefundenen Zusammenhänge erwartet werden. Die geschlechtsspezifischen Unterschiede lassen sich möglicherweise mit den speziellen sozialen Rollenverständnis von Jungen und Mädchen erklären. Nach Schwarzer (2000) berichten Mädchen in Untersuchungen generell über ein höheres Angstniveau. Gerade bezogen auf die untersuchte Stichprobe (Schüler und Schülerinnen im Alter von 13-16 Jahren) könnte dieser Sachverhalt besonders zutreffend sein. Altersentsprechende Normen könnten das Antwortverhalten der Schülerinnen und Schüler moderiert haben. Möglicherweise haben im Besonderen die Schüler ihr tatsächliches Angstniveau nicht berichtet, um dem männlichen Rollenverständnis zu entsprechen.

In Bezug auf den Zusammenhang von Prokrastination und Schulunlust kann eine hohe Korrelation von r = .575, bezogen auf die gesamte Stichprobe, berichtet werden (Hypothese 3e). Geschlechtsspezifische Unterschiede sind dabei nur marginal ausgeprägt (Schüler r = .579 und Schülerinnen r = .577) (Forschungsfrage 3f). Diese hohe Korrelation konnte erwartet werden, da in dem betrachteten Alter (Pubertät) ein gewisses Maß an Schulunlust charakteristisch ist. Wie bereits erwähnt wurde, ist Schulunlust gekennzeichnet durch Lernwiderstände, Gleichgültigkeit und Passivität (vgl. Schulunlust, Kapitel 2.7). Die somit häufig negativ assoziierten schulischen Lernaktivitäten werden demgemäß seltener präferiert und ausgeführt. Folglich könnte das dysfuntionale Aufschiebe- und Vermeidungsverhalten durch Schulunlust verstärkt werden.

Zusammenfassend kann konstatiert werden, dass es Hinweise auf Prokrastination im Kindes- und Jugendalter gibt. Im Vergleich zum akademischen Kontext, konnten kongruente Ergebnisse hinsichtlich der Prokrastinationswerte identifiziert werden. Offen bleibt hingegen, inwieweit die Tuckman Procrastination Scale (TPS-D), qualifizierte Aussagen über die Effektstärke zulässt. Hinsichtlich nachfolgenden Studien sollte daher das Fragebogendesign an den schulischen Kontext angepasst werden, d.h. die Items sollten sich implizit an schulischen Lern- und Leistungsanforderungen orientieren. Des Weiteren sollten Items hinzugefügt werden, die den subjektiven Leidendruck sowie Veränderungsmotivationen operationalisieren. Darüber hinaus bleibt ebenfalls offen, inwiefern im Kindes- und Jugendalter bereits hinreichende Kompetenzen und Lernstrategien im Zusammenhang mit selbst-regulativen Lernprozessen erworben wurden. Im Vorfeld zukünftiger Studien sollte somit eruiert werden, inwieweit Schüler und Schülerinnen adaptive Lernstrategien bereits erworben haben und im schulischen Alltag anwenden. Dieses könnte zu einem Erkenntnisgewinn, hinsichtlich der Erstmanifestation von Prokrastination im Kindes- und Jugendalter, führen.

Es konnten, analog zur bestehenden Prokrastinationsforschung, kongruente Ergebnisse, bezogen auf den Zusammenhang von Prokrastination zu Depressivität bzw. Konstrukten der Angst gefunden werden. Insbesondere die phänomenologischen Ähnlichkeiten der Konstrukte, machen eine eindeutige Identifizierung schwierig. Nachfolgende Untersuchungen sollten die Symptome und Verhaltensmerkmale der einzelnen Konstrukte trennschärfer operationalisieren. Dieses könnte zu einer Verbesserung der Abgrenzbarkeit der Konstrukte führen, so dass die gezielte Entwicklung von Präventions- und Interventionsmaßnahmen, zur Verbesserung von Lernprozessen, ermöglicht wird.

Abschließend sei anzumerken, dass Follow-Up-Studien verstärkt den Einfluss von Schulunlust auf Prokrastinationstendenzen untersuchen sollten, da innerhalb der untersuchten Stichprobe ein Zusammenhang identifiziert worden ist. In diesem Zusammenhang bleibt offen, inwieweit Schulunlust Prokrastination verstärkt und wie dieses sich im Zeitverlauf entwickelt.

Literaturverzeichnis

Berglas, S. (1978). Control of attributions about the self through self-handicapping strategies: The appeal of alcohol and the role of underachievement. *Personality and Social Psychology Bulletin*, 4, S. 200-206.

Beswick, G., Rothblum, E.D., Mann, L. (1988). Psychological Antecedents of student procrastination. *Australian Psychologist*, 23, S. 207-217.

Bossong, B. (1993). Handlungsregulation und Emotionskontrolle bei der Vorbereitung auf eine Prüfung. *Empirische Pädagogik*, 7, S. 3-20.

Carver, C.S., Gaines, J.G. (1987). Optimism, pessimism, and postpartum depression. *Cognitive Therapy and Research*, 11, S 449-462.

Chu, A. H. C., & Choi, J. N. (2005). Rethinking procrastination: positive effects of „active" procrastination behavior on attitudes and performance. *Journal of Social Psychology*, 14, S. 245-264.

Culbertson, F. M. (1997). Depression and gender. An international review. *American Psychologist*, 52, S. 25-51.

Czerwenka, K., Nölle, K., Pause, G. (1990). Schülerurteile über die Schule. Bericht über eine internationale Untersuchung. Frankfurt am Main: Lang.

Day, V., Mensink, D., & O'Sullivan, M. (2000). Patterns of academic procrastination. *Journal of College Reading and Learning*, 30, S. 120-134.

Dickhäuser, O., Stiensmeier-Pelster, J. (2000). Das Depressionsinventar für Kinder und Jugendliche (DIKJ). Neue Befunde zu dessen psychometrischen Eigenschaften. *Unveröffentlichtes Manuskript*. Universität Gießen.

Fegert, J. M., Eggers, C., Resch, F. (2003). Psychiatrie und Psychotherapie des Kindes- und Jugendalters. Heidelberg: Springer.

Fehm, L., Fydrich, T. (2011). Prüfungsanst. Göttingen: Hogrefe

Ferrari, J. R., Johnson, McCown J. L., William W. G. (1995). Procrastination and task avoidance – Theory, Research, and treatment. New York: Plenum Press.

Ferrari, J. R., Tice D. M. (2000). Procrastination as a Self-Handicap for Men and Women: A Task-Avoidance Strategy in a Laboratory Setting. *Journal of Research in Personality*, 34, S. 73-83.

Ferrari, J. R., O'Callaghan, J., Newbegin, I. (2005). Prevalence of Procrastination in the United States, United Kingdom, and Australia: Arousal and

Avoidance Delay among Adults. *North American Journal of Psychologie*, Vol. 7, No. 1, S. 1-6

Harriott, J., & Ferrari, J. R. (1996). Prevalence of chronic procrastination among samples of adults. *Psychological Reports*, 73, S. 873–877.

Hautzinger, M. (1998). Depression. Göttingen: Hogrefe

Helmke, A., & Schrader, F.-W. (2000). Procrastination im Studium - Erscheinungsformen und motivationale Bedingungen. In U. Schiefele & K. P. Wild (Hrsg.), *Interesse und Lernmotivation. Untersuchungen zu Entwicklung, Förderung und Wirkung* (S. 207-225). Münster: Waxmann.

Hodapp, V. (1991). Das Prüfungsangstinventar TAI-G: Eine erweiterte und modifizierte Version mit vier Komponenten. *Zeitschrift für Pädagogische Psychologie*, 5, S. 121-130

Johnson, J., Bloom, M. (1995). An analysis of the contribution of the five-factors of personality to variance in academic procrastination. *Personality & Individual Differences*, 18 (1),S. 127-133.

Jünger, W. (1988). Schulunlust: Messung, Genese und Intervention. Frankfurt am Main: Lang.

Kovacs, M. (1985). The Children´s Depression Inventory (CDI). *Psychopharmacology Bulletin*, 21, S. 995-999.

Krohne, H.W. (1996). Angst und Angstbewältigung. Stuttgart: Kohlhammer.

Küpfer, K. (1997). Prüfungsänstlichkeit bei Studenten: Diagnostik und differentielle Intervention. Frankfurt am Main: Europäischer Verlag der Wissenschaften.

Lay, C.H. (1995). Trait procrastination, agitation, dejection, and self-discrepancy. In: Ferrari, J.R., Johnson, J.L., McCown, W.G. (Hrsg), *Procrastination and task avoidance – Theory, Research, and treatment.* New York: Plenum Press.

Lukesch, H. (1998). Einführung in die pädagogische Diagnostik. Regensburg: Roderer.

Just, N., & Alloy, L.B. (1997). The response styles theory of depression: Tests and an extension of the theory. *Journal of Abnormal Psychology*, 106(2), S. 221-229.

Martin, L.L. & Tesser, A. (1996). Some ruminative thoughts. In: R.S. Wyer (Hrsg.), Advances in Social Cognition, 9, S 1-47. Mahwah, NJ: Lawrence Erlbaum

Menge, H., Güthling, O. (2009). Langenscheidt, Großes Schulwörterbuch Lateinisch-Deutsch. München: Langenscheid.

Milgram, N. (1991). Procrastination. In: Dulbecco, R. (Hrsg.). *Enzyclopedia of human biology, 6*, S. 149-155. New York: Academic Press.

Milgram, N., Dangour, W. & Ravi, A. (1992). Situational and personal determinants of academic procrastination. *The Journal of General Psy-chology,* 119 (2), S. 123-133.

Milgram, N., Tenne, R. (2000). Personality Correlates of Decisional and Task Avoidant Procrastination. *European Journal of Personality,* 14, S. 141-156.

Nolen-Hoeksema, S., Morrow, J. & Fredrickson, B.L. (1993). Response styles and the duration of episodes of depressed mood. *Journal of Abnormal Psychology,* 102(1), S. 20-28.

O'Brien, W. K. (2002). Applying the transtheoretical model to academic procrastination. Doctoral Dissertation. University of Houston.

O'Donoghue, T., & Rabin, M. (1999). Incentives for Procrastinators. *Quarterly Journal of Economics,* 114, S. 769–816.

Onwuegbuzie, A. J. (2000). Academic procrastinators and perfectionist tendencies among graduate students. *Journal of Social Behavior and Personality,* 15, S. 103-109.

Reinhardt, S. (2008). Mach ich dann gleich morgen...! *Psychologie Heute,* 35. Jg. Heft 2, S. 68-71.

Rist, F., Engberding, M., Patzelt, J., Beißner, J. (2006). Prokrastination als verbreitete Arbeitsstörung. „Aber morgen fange ich richtig an!" *Personalführung,* 6, S. 64–78.

Rost, D.H., Schermer, F.J. (1987). Auf dem Weg zu einer differentiellen Diagnostik der Leistungsangst. *Psychologische Rundschau,* 38, S. 14-36.

Rothblum, E.D., Solomon, L.J., Murakami, J. (1986). Affective, cognitive, and behavioral differences between high and low procrastinators. *Journal of Counselling Psychology, 33,* S. 387-394.

Rothblum, E.D. (1990). Fear of Failure: The psychodynamic, need achievement, fear of success and procrastination models. In: Leitenberg, H. (Hrsg.). *Handbook of social and evaluation anxiety.* New York: Plenum Press.

Seifge-Krenke, I. (1994). Gesundheitspsychologie des Jugendalters. Göttingen: Hogrefe.

Schouwenbourg, H.C. (1995). Academic procrastination: Theoretical notions, measurement, and research. In: Ferrari, J.R., Johnson, J.L., McCown, W.G. (Hrsg), *Procrastination and task avoidance – Theory, Research, and treatment.* New York: Plenum Press.

Schouwenbourg, H.C., Lay, C.H., Ferrari, J. R. (2004). Counseling the procrastinator Academic Settings. *American Psychological Association,* S. 3-17.

Schwarzer, R. (1987). Streß, Angst und Hilflosigkeit. Stuttgart: Kohlhammer

Schwarzer, R. (1996). Thought control of action: Interfering self-doubts. In L. Sarason, G. Pierce & B. Sarason (Hrsg.), *Cognitive Interferences* (S. 99-115). Hillsdale, NJ: Erlbaum.

Schwarzer, R. (2000). Stress, Angst und Handlungsregulation. Stuttgart: Kohlhammer.

Solomon, L. J., & Rothblum, E. D. (1984). Academic procrastination: Frequency and cognitive-behavioral correlates. *Journal of Counseling Psychology,* 32(4), S. 503-509.

Solomon, L.J., Rothblum, E.D. (1988). Procrastination Assessment Scale – Students. In: Hersen, M & Bellack, A.S. (Eds.). *Dictionary of behavioral Assessment techniques.* New York: Pergammon Press.

Spielberger, C. D. (1972). Anxiety: Current trends in theory and reasearch. Academic Press: New York.

Stainton, M., Lay, C.H., Flett, G.L. (2000). Trait procrastinators and behavior / traitspecific cognitions. *Journal of Social Behavior and Personality, 15, S.* 297-312.

Steinhausen, C. (2006). Psychische Störungen bei Kindern und Jugendlichen: Lehrbuch der Kinder- und Jugendpsychiatrie und –psychotherapie. München: Urban & Fischer.

Steel, P. (2007). The nature of procrastination: a meta-analytic and theoretical review of quintessential self-regulatory failure. *Psychological Bulletin,* 133(1), S. 65-94.

Stiensmeier-Pelster, J., Schürmann, M., Duda, K. (1991). Depressions-Inventar für Kinder und Jugendliche (DIKJ): Untersuchungen zu seinen psychometrischen Eigenschaften. *Diagnostica*, 37, S. 149-159.

Stiensmeier-Pelster, J., Schürmann, M., Duda, K. (2000). Depressions-Inventar für Kinder und Jugendliche (DIKJ). Handanweisung. Göttingen: Hogrefe.

Stöber, J. (1995). *Tuckman Procrastination Scale-Deutsch (TPS-D). Unveröffentlichtes Manuskript.* Freie Universität Berlin, Institut für Psychologie.

Stöber, J., & Joormann, J. (2001). Worry, procrastination, and perfectionism: Differentiating amount of worry, pathological worry, anxiety, and depression. *Cognitive Therapy and Research, 25*(1), S. 49-60.

Tice, D.M., & Baumeister, R.F. (1997). Longitudinal study of procrastination, performance, stress and health: The costs and benefits of dawdling. *Psychological Science*, 8, S. 454-458.

Tuckman, B.W. (1991). The development and concurrent validation of the Procrastination Scale. *Educational & Psychological Measurement, 51*, S. 474-480.

van Eerde, W. (2003). A meta-analytically derived nomological network of procrastination. *Personality and Individual Differences, 35, S.* 1401-1418.

van Eerde, W. (2004). Procrastination in academic settings and the Big Five model of personality: A meta-analysis. In: Schouwenbourg, H.C., Lay, C.H., Ferrari, J. R. (2004). Counseling the procrastinator Academic Settings. *American Psychological Association, S. 29-40.*

Watkins, E. (2004). Appraisals and strategies associated with rumination and worry. *Personality & Individual Differences*, 37, S. 679-694

Watson, D.C. (2001). Procrastination and the five factor-model. *Personality & Individual Differences, 30*, S. 149-158.

Wieczerkowski, W., Nickel, H., Janowski, A., Fittkau, B., Rauer, W. (1975). Angstfragebogen für Schüler. Handanweisung. Braunschweig: Westermann.

Zimmermann, B. J. (2002): Becoming a self-regulated learner: an overview. *Theory into practice*, 41 (2), S. 64-70.

Tabellenverzeichnis

Abbildungsverzeichnis